KB178293

역행자를 읽은 사람들 | 채글

발 행 | 2022년 12월 31일
저 자 | 장은비, 희다, 안도혁
펴낸이 | 이동윤
펴낸곳 | 윤들닷컴
출판사등록 | 2017.06.01.(제2017-000017호)
주 소 | 부산광역시 해운대구 선수촌로 146-4, 101-1202
전 화 | 010-9288-6592
이메일 | orangeki@naver.com
ISBN | 979-11-92581-03-3

www.yoondle.com

〈 채글 프로젝트 〉

https://chaegeul.oopy.io

채글은 "책을 읽고, 책을 생각하고, 책을 쓰는 과정을 통해 함께 생각하고 성장하는 온라인 독서 출판모임입니다.

바쁜 일상을 살아가는 우리는 책 한 권을 깊이 읽기 힘들고, 책을 읽고 난 후에 내 생각과 행동이 변화하는 과정을 스스로 느끼기도 힘듭니다. 인생을 살아내기에도 벅찬 우리에게 한 번도 만나본 적 없는 사람들끼리 하나의 책을 통해 자기 생각을 정리하고, 모임에 참여한 다른 사람들의 생각과 교감하면서 한 권의 책을 만들어가는 과정을 경험하게 하고자 채글 프로젝트를 시작하게 되었습니다.

매 기수마다 한 권의 정해진 책을 읽지만, 사실 책이 중요한 건 아닙니다. '읽고-생각하고-쓰는' 과정을 통해 우리는 한 단계 더 발전하고 성숙한 사람이 되어 갈 것입니다.

호랑이는 죽어서 가죽을 남기고, 사람은 이름을 남긴다고 했습니다. 우리의 이름이 적힌 책 한 권 남긴 인생, 우리의 버킷리스트 하나를 완성해보지 않으시겠어요?

채글 프로젝트에 참여하고, 끝까지 임무를 수행한 우리에게는 새로운 이름표가 하나 붙을 겁니다. '저자' 아무개로 말이죠.

역행자를 읽은 사람들

책을 읽고, 생각하고, 글을 쓰고, 출판하는
과정을 통해 자기 계발을 이끄는 채글

도서출판 윤들닷컴 채글 프로젝트 1기

장은비, 희다, 안도혁 지음

https://chaegeul.oopy.io

목 차

Chapter 5
역행자의 지식을 읽은 저자의 생각

Chapter 6
경제적 자유를 읽은 저자의 생각

Chapter 7
역행자의 쳇바퀴를 읽은 저자의 생각

총평
역행자를 읽은 사람들

저자들의 채글 프로젝트 리뷰

역행자를 읽은 사람들

prologue

장은비 저자

우리는 돈, 시간, 운명이라는 굴레 안에서 살아가고 있다. 또한 우리는 탄생과 죽음이라는 사이에서 발버둥 치며 살아가고 있다. 하지만 우리가 살아가려는 궁극적인 목적은 무엇인가? 우리가 잘 사는 방법은 무엇이 있을까?

이 부분을 책에서 다뤄보고자 한다. 우리의 탄생은 하늘에게 선택받은 소중한 생명이다. 그만큼 가치가 있으므로 현명하게 살아남아야 한다. 나는 사람의 운명이 타고난 부분도 있긴 하지만 본인이 노력하는 만큼 충분히 바뀔 수 있다고 생각하는 사람이다. 이 책을 읽기 시작하는 여러분들도 모두 같은 마음으로 책을 읽어나갔으면 좋겠다. 내가 스스로 삶을 어떻게 이끌어 나갔는지, 나가고 있는지 챕터별로 스토리를 넣어 놨다.

이제, 진짜 나를 찾으러 가보자!

희다 저자

경제적 자유를 원하는 사람들이 역행자를 읽으리라 추측한다. 개인적으로 너무 경제적 자유에 신경 쓰기보다는 자신이 정말 하고 싶은 일이 무엇인지 고민해보고 집중하면서 사는 게 더 행복하지 않을까 하는 생각이다. 모두가 행복한 일을 찾아 행복하게 살아가길 바란다.

이후 진행되는 글에 역행자 책을 읽은 후 들었던 생각과 경험을 담았다. 챕터별로 내가 이해한 핵심 내용을 요약하고 그것을 바탕으로 뻗어난 생각들을 써 내려갔다. 날 것의 생각을 최소한의 정제만 해서 표현한 글이라 누군가는 불편할 수도 있겠다. 무언가를 얻기보다는 이런 생각을 하는 사람도 있구나 하는 가벼운 생각으로 읽는 것을 추천한다. 이 글을 읽는 누군가에게 평범한 사람도 글을 쓰고 책을 출판할 수 있다는 용기를 심어주고 싶다.

안도혁 저자

한 치 앞도 모르는 게 우리 인생이다. 인생에 정답은 없고 무조건 성공하는 공식이라는 건 존재하지 않는다. 그런데도 많은 사람이 자기계발서에 집착한다. 열광하고 신뢰하며 비판 없이 따라 한다. 웃긴 건 자기계발서를 백 권 읽었다고 해서 성공하는 건 아니라는 것이다. 사실 자기계발서는 한 권이면 된다. 그 한 권을 얼마나 이해하고 내 것으로 만들었는지가 제일 중요하다.

나 역시 자기계발서를 자주 읽지 않았다. 하지만 이 책은 처음부터 끝까지 5번을 읽었다. 한 문장 한 문장 곱씹으며 저자의 말에 공감하는지 아니면 부정하는지 생각해보았다. 그렇게 내 생각을 다듬어서 풀어내고 나니까 이제서야 정리가 된다. 내가 성공하기 위해서는 어떻게 나아가야 하는지, 성공 확률을 높이려면 무엇을 해야 할 지 말이다.

'역행자' 책을 읽었다면 우리와 함께 생각을 공유해보면 좋겠다. 당신은 책을 읽고 무슨 생각을 했는지, 우리 중 누구와 생각이 비슷한지 찾아보면 좋을 것 같다. 그러고 나면 지금까지 읽었던 그 어떤 자기계발서보다 마음속 깊이 새길 수 있을 것이다.

역행자를 읽은 사람들

저자 소개

장은비

책을 사랑하게 된 저자.

20대를 후회 없이 보내기 위해 고군분투하는 전문직 여성.
'나의 인생은 스스로 바꿀 수 있다' 라는 글귀를
가슴속에 새겨놓은 여성.

경제적인 자유를 얻기 위한 마음가짐으로 책을 읽기 시작했고,
그 한걸음에 다가가고 있다.

저자는 혼자서 사색하는 것을 즐기는 편이다. 하지만 혼자서만 생각하는 것보다 삶을 살아가는 경험을 다른 사람들과 공유하면 색다른 재미가 있을 것 같다는 생각에 글을 작성하게 되었다. 삶이 흘러가는 대로 되지 않을 땐 잠시 쉬었다가 가도 된다는 걸 알려주고 싶다. 책을 읽고 본인만의 방향을 찾아 정립하는 여러분이 되었으면 한다.

희다

크리에이터 지망생.

'하고 싶은 것 다 하면서 살자!'라는 생각으로 다양한 창작물들을 시도해 보고 있다. 모든 창작물은 오직 재미와 만족을 위해서 행하고 있다.

이 책은 첫 번째 책이자, 앨범 제작 다음으로 시도한 두 번째 창작물이다. [역행자를 읽은 사람들]을 쓰며 글쓰기의 재미를 깨닫고 관심이 있다. 이 시도를 시작으로 본격적인 글을 써보려고 한다. 아직 누군가에게 영향을 주는 글을 쓰기에는 부담이 되어 자신을 위한 글쓰기를 하고 있다. 지속적인 글쓰기를 하면서 성장한 다음 언젠가 독자를 위한 글쓰기를 하는 작가가 되기를 바란다.

안도혁

여러 스타트업에서 마케터로 일하며 다양한 경험을 쌓아 나가고 있습니다. 어차피 해야 하는 직장 생활이라면 좀 더 스마트하고 알차게 해보자는 생각으로 22년 8월 '직장과 밀당하는 중입니다'라는 제목의 책을 집필했습니다.

최근에는 '네트워킹 드리븐'이라는 개념에 관심이 커졌습니다. 누군가에게 영감을 줄 수 있는 사람이 되는 것과 반대로 누군가에게 정확하게 도움을 요청할 수 있는 사람이 되고 싶습니다. 진정한 '기버'가 되어 원하는 만큼 일하고, 돈 벌고, 경험할 수 있는 자유를 누리고 싶습니다.

현재 '채글'이라는 서비스의 운영을 맡아 누구나 출판을 할 수 있다는 걸 알리고 있습니다. 그 첫 번째로 '역행자'책을 읽고 내 생각과 경험을 담아 출판해보려고 합니다.

말은 휘발되지만, 기록은 날아가지 않습니다. 그래서 더욱 깊게 생각하고 정성스럽게 담아내야 합니다. 저는 기록의 힘을 믿고 이 힘을 널리 전파하기 위해 꾸준히 달려갈 예정입니다.

역행자를 읽은 사람들

챕터별 생각의 정리

Chapter 1
자의식 해체를 읽은 장은비 저자의 생각

무의식을 자극하라

이 책을 구입하고 독서를 시작한 당신에게 물어보고 싶다. "당신은 자기 자신이 누구인지 파악해본 적이 있는가?" 만약 해봤다면 각종 심리테스트를 통해 본인 스스로가 '나는 이런 유형의 사람이구나' 하고 그냥 넘어가는 경우가 많았을 것이다. 보통 심리테스트의 목적은 재미니까.

하지만 내가 어떤 유형의 사람인지 알게 되었다면 본인이 어떤 것을 좋아하고, 어떤 것에 재능이 있는지 본인 스스로를 더 깊게 파고들면 아주 좋을 것 같다. 사람의 내면에는 무의식 그림자가 존재하는데 이 그림자는 본인 마음속에 있는 내면의 상태를 의미한다. 이 그림자를 내면에서 끌어올려야 한다.

세상에는 수많은 일이 발생하고 그 수많은 일이 나에게 발생할 수도 있는 것이다. 그것이 좋은 일이든지, 나쁜 일이든지…. 우리가 가장 행복한 때에 불행한 순간이 닥친다고 생각해보자. "좌절하고 주저앉고 싶고 포기하고 싶다는 생각이 들지 않는가?" 하지만 이러한 한계를 극복하는 것이 인생의 첫 번째 숙제이다.

불행한 순간이 닥쳤을 때 이런 감정이 드는 이유는 이러한 일을 겪어보지 않았기 때문에 어떻게 대처해야 할지 방법을 모르기 때문이다. '일단, 부딪혀라!', 이미 불행한 순간은 다가왔고 극복해야 본인 자신의 한계점을 찾고 발전시킬 수 있는 능력을 지닐 수 있다. 앞에서 사람의 내면에는 그림자가 있다고 말했다.

이러한 그림자가 지닌 특성 중 가장 무서운 것이 다른 사람에게 투영하는 현상이다. 즉, 다시 말해 본인의 무의식적인 면을 다른 사람이나 여러 가지 상황에 투영하면서 본인을 합리화시키는 것이다. 어떻게 보면 '현실도피'로 보일 수 있는 아주 비효율적인 방어기제 현상이다.

아까 불행한 순간이 다가왔을 때 극복해야 한다고 말했다. 본인 스스로를 극복할 방법은 그림자 투영을 타인에게 금지하는 것이다.

한가지 사례를 예로 들어보겠다. 나는 고등학교 때까지 매우 소심하고 자기주장을 쉽게 펼치지도 못했으며 그냥 시키는 대로 흘러가는 삶을 살고 있었다. 심지어 입시 공부에 대한 스트레스를 앓으며 꿈도 찾지 못한 때였다.

그렇게 시간이 흘러 졸업이라는 시즌이 다가왔을 때 대학을 일단 가야겠다는 막연한 생각 때문에 집 앞 가까운 학교에 원서를 넣어 합격했다. 전공도 딱히 생각하지 않고 무조건 가야겠다는 생각에 넣은 것이다.
그렇게 합격자 발표가 난 후 대학교 입학 전 나의 소심한 성격을 고쳐보고자 집에서 버스로 약 10분 거리에 있는 빵집에서 아르바이트를 시작하였다.

물론 돈을 스스로 벌기 위한 목적도 있었지만 일단 내 성격을 고쳐보고자 하는 마음이 더 컸다. 그렇게 시작한 아르바이트, 빵 종류와 가격을 외우고, 진열하고, 청소하는 등 의외로 매우 재밌었다. 손님들이 오고 갈 때 인사를 크게 해야 한다는 것에 굉장한 부담감을 안고 있었지만 이를 극복하고 사장님께서 친절하게 응대를 잘한다며 칭찬도 해주었다.

아르바이트하면서 점점 자신감이 붙어났고 같이 일하는 동료 언니와 친해지면서 서로 이런저런 이야기를 나누는 시간을 가지기도 했다. 그런데 동료 언니와 일하던 중 나는 매우 큰 충격을 받았다. 동료 언니는 나와 다르게 꿈이 있었다. 그것도 아주 명확한 꿈… 본인만의 목표가 있었는데 첫 번째 목표를 달성하고 난 후 두 번째 목표를 달성하기 위해 노력하고 있다는 것이다.

나는 그때 '나는 누구인가?'라는 생각이 문득 들기 시작했다. 아무 계획 없이 대학에 입학원서만 달랑 넣은 나는 학교를 과감히 자퇴하고 1년 더 공부해 내가 원하는 것을 찾아보기로 했다. 1년간의 수능을 다시 준비하면서 대학교 학과들을 하나씩 클릭해서 과정을 자세히 살펴보았다. 반복적으로 계속 읽다 보니 전문성을 띠는 보건 계열을 전공해야겠다고 마음먹었다.

사실 이때도 100% 확신하고 대학을 선택한 건 아니었지만 이왕이면 취업이 잘되는 학과에 진학해서 내 미래가 걱정 없이 흘러가기를 바라는 마음에 결정한 선택이었다. 학교에 다니는 내내 전공지식과 실습 등 힘들 때가 많았지만 국가고시를 통해 전문성을 띠는 직업을 얻은 것이다. 인생을 살면서 가장 큰 결정을 해야 하는 시기였다. 그만큼 나의 기준에서는 굉장히 바람직하고 용기 있는 선택이라고 할 수 있었다.

그런데 여기서 더 소름 돋는 사실은 '내가 만약 스스로를 극복하기 위해 아르바이트를 시작하지 않았다면, 어땠을까?'라는 생각해보았다. 지금쯤 나는 무엇을 하고 있을지 사실 상상도 가지 않는다. 인생에서 누구를 만나냐도 굉장히 중요한 사안인 것 같다. 우연히 빵집 아르바이트를 시작해서 나의 꿈에 영향을 줄 수 있는 사람을 만나 '긍정적인 터닝 포인트'를 얻어 낸 것이 굉장한 행운이라고 생각하며, 이러한 터닝포인트는 보통 우연한 상황에서 비롯된다고 생각한다.

'내가 빵집 아르바이트를 하지 않았다면', '나와 같이 일하는 동료 언니가 아니었다면?', '내가 동료 언니의 말을 듣고 영향력을 받지 못했다면?'과 같은 생각이 들었고 "매우 다행이다…."라는 생각이 들기도 했다. 누군가에 의해서 변화를 할 수 있다는 것은 그 영향력이 '변화시킬 힘'을 지니고 있기 때문이다.

앞에서 그림자를 다른 사람에게 투영하지 말라고 언급했었다. 하지만 본인 스스로가 긍정적인 영향을 받았으면 나처럼 본인의 내면을 끌어올려 나에게 다시 투영하는 모습을 보여야 한다.

나는 현재 전문직을 가지고 있지만 학교에 다니면서도 힘들었던 적이 많아 포기하고 싶은 마음이 너무 커 교수님과 상담도 여러 번 진행했었다. 하지만 교수님의 대답은 이러했다. '사람이 원하는 걸 다하고 살아갈 수는 없어, 미래를 고려해서 현재 상황을 참고 견뎌내면 반드시 좋은 날이 올 거야'라는 희망스러운 말이었다.

그 당시에는 이 말이 마음으로 와닿지 않았다. 하지만 진짜 미래를 위해 참고 참았더니 현재의 내가 만들어졌다.

내 인생의 두 번째 긍정적인 터닝 포인트는 바로 '교수님의 말씀'이었다. 포기하고 싶었던 순간에 교수님의 말씀이 나의 힘이 되어주었고 덕분에 여러 가지 학과 활동을 통해 우수한 성적으로 졸업도 할 수 있었다. 이렇듯 졸업 후 나의 자존감은 올라갔고, 전문직이다 보니 다른 친구들과 달리 취업도 잘 되는 편이라 걱정 없는 나날을 보내곤 했다.

단순히 높아진 자존감을 가지고 모든 일이 잘될 것이라는 생각을 하면 안 된다. 나는 미래가 조금 더 나아질 것이라는 믿음을 가지고 나를 끄집어낸 것이다. 이렇듯 무의식 속 내면의 나를 끄집어내게 되면 본인만의 기준이 생겨난다.

즉, '내가 앞으로 남은 인생을 어떻게 하면 나만의 방식대로 잘 살아나갈 수 있을까?' 라는 의문에 기준을 세워준다는 것이다. 그 기준은 본인이 살아온 과거의 삶이 영향을 미칠 수도 있다. 하지만 나는 이렇게 말을 해주고 싶다.

내 삶이 도태되고 있다는 느낌이 들고 단순 현실에 안주하고 싶은 마음을 당장 버려야 한다. 현실에 안주한다는 것은 심하게 말하면 발전 가능성을 스스로 포기한 것으로 생각하기 때문이다.

처음엔 힘들겠지만, 노력을 통하여 충분히 변화를 줄 수 있다고 믿는다. 과거는 진짜 과거일 뿐이다. 다시 시간을 되돌릴 수도 없을뿐더러 이 책을 읽고 있는 순간에도 시간은 계속 흐르고 있다. 지금도 늦지 않았다. 본인이 누구인지부터 파악하는 것이 우선이다.

Chapter 1

자의식 해체를 읽은 희다 저자의 생각

〈 내가 느낀 핵심 내용 〉

- 자신을 객관적으로 보자.
- 누군가에게 불쾌한 감정을 느낄 때 자의식 때문인지 생각해보고,
  인정하고 거기서 배울 점과 개선할 점을 찾아보자.

역행자 책에서 설명하는 자의식 해체 부분을 읽으면서 든 생각을 정리해보았다. 미운 감정이 들면 원인을 찾고 그 사람을 옆에 두고 관찰하면서 습득하려고 하고 있다.

모든 사람에게 배울 점이 꼭 하나씩은 있다. 꼭 사람이 아니더라도 부정적인 상황에서도 배울 수 있는 부분이 분명히 있다. 누구에게나 어디에서나 배울 점이 하나씩은 있기에 불쾌한 상황이나 사람이 있더라도 배울 점을 생각하다 보면 존경하는 마음이 생기기도 한다. 미운 감정도 자연스럽게 사라지고 내가 못 하는 걸 잘하는 사람으로 좋게 생각하게 되는 것 같다.

이 단계에서 예시로 들 수 있는 에피소드가 하나 떠올랐다.

이전 직장에서 한 동료분(A)에게 조금 미운 감정이 들었다. 나는 사람을 잘 미워하지 않는 편인데 A에게는 왜 미운 감정이 생겼을까? 고민했다. A와 함께 일하다 보면 상대적으로 내가 인정받지 못하는 것 같아 미운 감정이 들었다. 나는 표현에 있어서는 부족해서 뭔가를 잘 해내도 티가 나지 않지만, A는 다른 사람들에게 자신이 한 일을 잘 설명하셔서 인정받는 느낌이 들었다. 결국 이 미운 감정의 원인은 내가 못하는 말이나 표현을 A가 잘하셔서이고, 내 열등감이었다. A와 함께 일할 때면 최대한 옆에서 어떤 표현으로 어떤 자세로 어떻게 말하는지보고 배우려고 노력했다. 덕분에 지금은 내 말하기와 표현력이 조금은늘었을 것이다.

Chapter 1
자의식 해체를 읽은 안도혁 저자의 생각

지금도 충분히 훌륭해?

자의식은 없어서는 안 될 중요한 요소이다. 흔히 메타인지 능력이라고
도 불리는데 최근 들어 더욱 강조되는 개인의 역량 중 하나인 듯하다.
요새 많은 미디어에서도 메타인지 능력에 대해 다루다 보니 관련한 대
화를 많이 나누기도 했었다.

사실 내가 생각하던 자의식이란 단순히 자신의 감정, 능력 등에 대해 얼마나 잘 알고 있는지에 대한 능력에 가까웠다. 그래서 자의식이 강하다는 건 메타인지 능력이 강하다는 말 같았고, 그게 큰 문제가 될 거라고는 생각하지 못했다.

이전에 썼던 책에서 이런 말을 한 적이 있었다.

"지금도 충분히 훌륭해."

자의식 해체에 대한 글을 읽고 나서 가장 먼저 들었던 생각이 바로 내가 썼던 책의 내용이었다. 그러면서 지금까지 해왔던 합리화가 실제로 정말 좋은 변화를 나한테 가져다주었을지 궁금증이 반복됐다. 아이러니한 건 그 와중에도 나는 합리화를 하기 바빴다는 것이다.

"그래, 그때는 그렇게 생각하는 게 내 마음을 돌보는 데 좋았던 거야. 잘했고 대신에 앞으로는 책에서 말하는 대로 실천해 보면 좋을 거야."

분명히 과잉 자의식에 관한 내용을 읽고 들었던 생각인데도 나도 모르게 똑같은 실수를 반복하고 있었다. 우리는 직장을 다니다 보면 성장, 배움에 대한 의심을 참 많이 하게 된다.

'나 지금 잘하고 있는 걸까?', '이대로 가면 나 성공할 수 있을까?' 하지만 이런 생각들의 결론은 항상 비슷했다.

'지금 분명히 잘하고 있고 주변 또래보다 앞서 나가고 있잖아. 나를 대단하다고 말해주는 사람도 많고, 생각해보면 몇 년 전보다 연봉도 많이 올랐어. 이 순간만 바라보고 결정하지 말자. 내가 고민하는 부분은 다들 마찬가지로 고민하는 부분이야. 그래. 나는 잘 할 수 있을 거야.'

그렇다. 과잉 자의식에 빠져 있었다. 개인마다 성장의 시기와 속도는 다르기에 조금만 참고 기다리면 된다고 생각했었다. 묵묵히 자기 일하다 보면 기회가 찾아올 것이고 그 기회를 잡을 수 있는 능력을 키우면 된다고 생각했다. 실제로 많은 자기계발서에서는 기회가 왔을 때 잡을 수 있는 능력이 중요하다고 말하기도 한다.

그런데 이 책에서 말하는 과잉 자의식, 자의식 해체라는 말은 이러한 생각들을 철저하게 부수고 있었다. 어떤 문제에 대해 합리화하는 것은 다 과잉 자의식으로부터 나오는 증상이고, 반복되는 힘든 생각을 조금이라도 빨리 그만두고 싶어 내리는 섣부른 마음 정리일 뿐이라는 말이다.

맞다.

인간은 자신의 선택이 틀렸다는 사실을 알기 두려워한다. 본능적으로 방어기제가 깔리게 되고 그러한 방어기제가 반복되다 보면 걷잡을 수 없는 과잉 자의식에 빠지게 된다.

최근에 가장 과잉 자의식에 빠졌던 순간이 있었다. 직장인과 사업가에 관한 이야기였는데 왜 사업을 꿈꾸면서 계속 직장인의 길을 걷고 있냐는 질문을 받았을 때였다.

대답은 뻔했다. 내가 사업을 하려면 남의 돈으로 더 많은 경험을 쌓아 보고 성공 확률을 높여야 하지 않겠냐고. 실력을 더 키우기 위해서 타이밍을 보고 있다고 대답했다. 아직 사업 아이템은 모르겠는데, 적어도 30살에는 시작해 보고 싶다고 말했다.

과잉 자의식은 당장 내 감정과 몸을 편하게 만들어준다. 하지만 반복되는 과잉 자의식은 더 큰 문제를 만들고 나중에는 더 큰 자의식, 더 빈틈없는 과잉 자의식이 필요해진다. 마치 거짓말이 더 큰 거짓 거짓말을 낳는 것과 유사하다.

거짓말이 더 큰 거짓말을 낳는다는 건 과학적으로도 밝혀진 사실이다. 과잉 자의식은 또 다른 과잉 자의식을 낳고 어느 순간이 되면 자기 자신도 제어할 수 없는 수준의 과잉 자의식에 빠져 허우적거리게 될 것이다.

책을 읽었다고 해서 바로 평소 가지고 있던 생각의 흐름이 바뀌진 않는다. 하지만 바꾸려는 의식적인 노력이 들어가고 이를 반복한다면 바꿔나갈 수 있다. 실제로 예전에는 인스타그램에서 팔로워가 많은 계정을 보면 부정적인 이야기를 많이 하곤 했었는데 요즘은 저 사람들보다 내가 나은 게 없고 아예 레벨 자체가 다르다는 말을 많이 한다. 그 사람들에 대해 부정적인 이야기를 하며 깎아내릴 시간에 내 성공을 위해 한 걸음이라도 더 나아가는 게 의미 있다는 생각을 많이 하게 된 것이다.

우리는 상황과 문제를 있는 그대로 볼 줄 알아야 한다. 나보다 잘나가는 사람을 보면 보이지 않는 부분을 상상하고 가정하면서 그 사람을 깎아내리기 바쁜데, 그렇게 해서 달라지는 건 아무것도 없다.

과잉 자의식은 흔히 질투라는 감정과 맞서 싸우게 된다. 특정 인물을 시샘하고 질투하다 보면 결론은 불편한 내 마음을 위해서 합리화를 하고 만다. 우리의 인간관계도 마찬가지다. 내 주변에는 어떤 사람들이 많은지, 나는 주로 어떤 사람을 많이 만나고 만났을 때 어떤 대화를 하는지를 보면 자의식의 상태와 맥락이 이어지는 부분이 많다.

내가 꿈꾸는 모습에 나보다 한 걸음 더 가까이 다가선 사람들과 시간을 보내며 좋은 자극을 받는 것이 좋다는 건 누구나 인정하는 사실이다. 하지만 그런 사람들만 만나다 보면 내가 부족해 보이고, 그러다 기분이 축 처질 때가 많다. 그래서 흔히 하는 행동이 자기보다 사회에서의 위치가 낮다고 생각하는 사람을 만나는 것이다. 상대방이 말하는 고민을 내 나름대로 생각으로 조언해 주다 보면 내가 순간 괜찮은 사람이 된 것 같은 기분이 드니까 말이다.

참 부질없는 행동 같다. 인간이 바보 같은 선택을 반복하고 비합리적인 선택의 오류에 빠진다는 건 잘 알고 있다. 하지만 그 '인간'을 '나'라는 개인으로 한정 지어 본다면 이건 말이 다르다. 나는 그런 바보 같고 비합리적인 선택의 오류에 빠지고 싶지 않기 때문이다. 그걸 알면서도 방치하는 건 나중에 어떤 변명거리도 되지 못한다.

나는 직장에서 일할 때 어떤 문제가 생기면 해결 방법을 나에게서 찾는 편이다. 내가 바뀌거나 행동하지 않으면 그 문제는 해결되지 않은 채 남아있기 때문이다. 남들이 봤을 때도 내 잘못이 아니라 상대방의 잘못인 경우도 많다. 하지만 그런 상황에도 상대방의 잘못이라고만 말하면서 가만히 있으면 아무것도 달라지지 않으며 나는 수동적으로 기다릴 수밖에 없는 상황에 부닥치고 만다.

그럴 때 스스로한테 물어본다. 지금 이러고 있으면 뭐가 달라지냐고 말이다. 이 생각을 직장뿐만 아니라 내 인생에도 그대로 들고 올 필요가 있을 것 같다. 내 인생의 큰 그림을 잘 그리기 위해서 자의식을 해체하기 위한 노력을 멈추지 않아야겠다.

합리화는 나보다 잘난 사람들을 보며 하는 것이 아니다. 객관적으로 봐도 나보다 못하고 있는 사람들, 그리고 지금보다 못했던 과거의 나를 보며 하는 것이 합리화의 힘이다. 그걸 바로 자신감, 성취감이라고 부를 수 있을 것 같다.

나보다 잘난 사람들을 보고 쫓으며 나는 저 사람들보다 못하다는 걸 인정하자. 그리고 나보다 못한 사람들과 과거의 나를 보면서 자신감을 가지고 나아가자. 그러지 않으면 나는 성공할 수 없다.

Chapter 2
정체성 만들기를 읽은 장은비 저자의 생각

무의식을 의식화하라

'현재 나의 자의식은 위치는 어디쯤 있을까?'라고 생각해 본 적이 있는가. 아마 생각해 본 적은 많을 것이다. 가정형편은 어떻고, 내 월급은 얼마 정도이고 등의 현재 본인이 처한 상황을 의미한다.

사람들은 일반적인 방어기제로 비교의식거부와 핑계를 댄다. 내가 정말 타고난 부잣집 아들 또는 딸이거나 물려받을 재산이 있다는 상황은 배제하고 그냥 평범한 사람이라고 생각해봤을 때 분명히 본인이 처한 상황에서 낙담하는 사람이 있고 이 상황을 벗어나기 위해 노력하는 사람이 있다.

이 책을 읽고 있는 여러분은 어느 쪽의 삶을 살고 있는가? 대다수 사람은 쉽게 답하지 못할 것이다. 그리고 자신 있게 노력하고 있다는 사람들의 수는 많지 않을 것이다. 이것이 바로 인간의 특성 때문이다.

인간은 타인과 자신을 비교할 때 본인의 위치가 우월하면 괜찮다고 느끼지만, 본인의 위치가 낮다고 느껴지면 자존감이 무너지는 느낌을 받곤 한다. 또한 갖은 핑계를 대며 "나는 이래서 저래서 그런 거야!"라는 변명만 늘어놓을 것이다.

사람은 누구나 노력하면 분명히 본인의 것을 얻어 낼 수 있는 똑똑한 사회적동물이다. 그런데도 노력하지 않는 이유는 무엇일까? 바로 '두려움' 때문이다. 인간의 특성 중 하나가 새로운 것을 받아들이려고 할 때 두려움을 느낀다는 것이다.

'내가 한 번도 해보지 않은 것이고 확신도 없는 것에 투자해도 될까?'라는 생각을 통해 가슴속에 수많은 감정이 요동친다.

하지만 이러한 감정들을 깨뜨려야 현재 나의 자의식 위치를 정확하게 판단 할 수 있다. 더 이상 숨어서 무엇을 할 수 있겠는가?

그럼 먼저 다음과 같은 상황이 왔을 때를 보자. 나는 가정형편이 넉넉하지는 않았다. 그래서 중학생 때 아르바이트를 해서라도 집안에 보탬이 되고 싶은 마음이 컸었다. 하지만 당시 미성년자에게 아르바이트란 쉬운 게 아니었고 자신감이 그렇게 넘쳐나지도 않았다. '내가 부모님을 행복하게 해 줄 수 있는 것이 무엇일까?'라고 생각해봤을 때 할 수 있는 게 공부밖에 없었다.

중학교 입학 전까지 운동선수로 생활을 쭉 해왔었기 때문에 성적은 당연히 바닥을 향해있었고 따라잡기가 쉽지 않았다. 학원에서 부가적인 공부가 필요하다는 것을 알고 부모님께 당당하게 학원에 다니고 싶다고 말하였다. 넉넉하지 않은 형편에도 미래의 나를 위해, 부모님의 기쁜 모습을 보기 위해 열심히 공부하기 시작했다. 모르는 것은 무조건 그냥 넘어가지 않고 알게 될 때까지 질문하고 해석했다. 결과는 대성공이었다.

바닥을 기어 다니던 나의 점수는 점점 중위권을 넘어 상위권까지 자리를 잡았다. 뭔가 느껴보지 못한 희한한 감정이었다. 이렇게 상위권에 진입할 때까지만 해도 공부를 못했기 때문에 다른 사람들 앞에서 쉽게 어깨를 펴지도 못했고 다른 사람들이 부모님에게 자식에 대해 자랑할 때도 부끄러운 감정만 들었다.

하지만 나는 어린 나이에도 이러한 순간을 극복해 지금까지 공부 습관이 확립되어 있다. 여기서 내가 언급하고 싶은 것은 나보다 공부를 잘하는 사람을 만났을 때 실망과 낙담이 아니라 부딪혀봐서 본인의 위치를 파악하고 이겨내는 과정을 통해 한계를 극복했다는 것이다. 내가만약 처한 상황을 탈피하고자 하지 않았다면 과연 내가 '미래'라는 단어를 운운할 수 있었을까? 라는 생각이 든다. 결국 본인의 자의식을이해하는 것은 본인밖에 없다는 것이다.

하지만 여기서 주의해야 할 것은 자의식이 너무 과잉생산 되면 안 된다는 것이다. 만약 아까 같은 상황에서 자의식과잉 상태가 발생하였다면 그 순간에 만족해 "지금 이렇게 했으면 됐지, 뭐…. 앞으로 별다른노력 없이도 쉽게 얻을 수 있겠는데?", "공부 잘하는 애들은 다 좋은집안에서 태어나서 부족함이 거의 없이 자라서 그럴 거야…. 나는 안돼…."라는 비판적인 생각을 가질 수도 있었다.

하지만 이러한 생각은 본인이 발전할 수 있는 기회를 스스로 버린 것이라고 판단된다. 성인이 아닌 어린 나이임에도 불구하고 나의 인생그래프에서 처음으로 (+)역치값을 달성한 날이었다.

또 다른 주의할 점은, 자의식을 타인에게 투영하는 것이다. 앞(chapter1)에서 긍정적인 자의식 투영방식과 부정적인 자의식 투영방식에 대해서 알아보았다. 여기(chapter2)에서 말하는 자의식 투영은 내가 만약 누군가를 롤모델로 삼고 그 사람이 되고 싶다고 했을 때, 본인이 그 사람처럼 똑같이 할 수 없는 상황임에도 불구하고 무리해서 그 사람을 따라가려는 위험한 투영방식이다.

예를 들어, 사업에 크게 성공한 사람이 아주 비싼 차를 산 모습을 보고 빚을 져서 차를 구매던지, 지방대를 나와 취업이 잘 안돼서 학력을 위조하는 사람 등을 볼 수 있다. 본인의 현재 분수에 맞게 행동하는 것이 중요하다고 알려주고 싶다.

현재 사회적으로 높은 위치에 있는 사람들은 수많이 실패와 여러 가지 시행착오를 가지고 과거의 나처럼 한계점을 극복했을 것이다. 반면에 사회적으로 낮은 위치에 있는 사람들은 아직 본인에 대해 파악하지도 못한 사람이거나 파악했다고 하더라고 극복하는 방법을 몰라 헤매는 경우가 많기 때문이다.

다시 한번 말하지만, 투영방식을 잘 찾아야 한다. 투영방식의 정도가 부족하거나 넘치게 되면 본인을 확실하게 찾을 수 있는 기회들은 희미해져 간다.

혹시 '페르소나'라고 들어본 적이 있는가? 페르소나는 다른 사람들과 관계를 맺을 때 나타나는 '본인의 가짜 모습'이다. 자아가 사회적 상황에서 적응하면서 여러 가지 행동 양식들을 익히게 되는데, 익히는 과정에서 본인의 진짜 모습을 감추고 '가면'을 드러낸다는 것이다. 페르소나 성향을 많이 띄는 사람들을 보면 다른 사람들의 기대에 절대적인 기준을 맞추어 결국엔 본인 스스로를 점점 잃어버리게 된다.

물론 상대방을 배려해서 드러내는 페르소나는 추천하지만, 맹목적으로 동일시하기만 하는 페르소나는 추천하지 않는다.

이 세상에서 여러분은 오직 한 명뿐이다. 자기실현을 통해 개성화를 이뤄내고 무의식 속에서 의식화를 이뤄내야 한다.

Chapter 2
정체성 만들기를 읽은 희다 저자의 생각

〈 내가 느낀 핵심 내용 〉

- 자신이 가지고 있는 고정관념에서 벗어나자
- 되고 싶은 정체성을 주위 사람들에게 알리고 관련된 책을 많이 읽자
- 관심 그룹에 참여하여 소속되자

어쩌다 보니 성인이 되고 수입이 생기면서 자연스럽게 2단계를 실행하고 있다. 내가 가지고 있던 고정 관념들을 버리고 정체성을 찾았다. 지금은 여러 강의를 통해 배우고 정체성에 한 발짝씩 다가가는 중이다.

고정관념에서 벗어나자

성인이 되기 전까지 "나는 운동을 못해, 나는 내향적인 사람이야, 나는 말을 잘하지 못해"라는 생각으로 살았었다. 나를 그런 고정관념에 가둔 것이다. 평생 못한다고 생각하고 싫어했고 도전하지 않았었다.

지금도 운동을 못하고 말을 못한다고 생각하지만, 예전과는 조금 다른 생각을 하고 있다. 성인이 되어 조별 과제도 하고, 발표도 하고, 나서게 되면서 내가 못 한다고 생각하는 말도 하면 할수록 나아지는 것 같았다. 누구나 잘하는 게 있고 못 하는 게 있다.

못하는 부분도 다른 사람보다 더 열심히 노력하면 최고는 아니더라도 중간은 할 수 있겠다는 생각으로 살아가고 있다. 오히려 도전하지 않을수록 해볼 수 있는 기회가 줄어들고 계속 못하는 사람으로 머물러있게 되는 것 같다.

나의 정체성

나는 직장 밖에서의 개인적인 정체성은 크리에이터 지망생이라 주장하고 있다. 직장이 생기고 고정적인 수입이 생기니 원래 어릴 때부터 하고 싶었던 일들을 하나씩 해보고 싶었다.

음반발매도 하고, 책도 출판하고, 연기도 하고, 유튜브도 하고, 이모티콘도 만들고, 굿즈도 만들고, 작품 전시도 하고, 악기연주도 하고⋯. 하고 싶은 것이 너무 많아서 다 나열하기도 힘든 것 같다. 정체성을 하나로 정하기 어려웠다.

공통점을 찾아보니 결과물이 나오는 예술적인 활동들이었고 그냥 뭉뚱그려서 크리에이터라고 통칭하기로 했다. 이제 취미로 하나씩 시작하는 단계라서 지망생을 붙였다.

크리에이터 지망생이라 정한지 반년이나 1년 정도가 된 것 같은데 통칭할 이름, 정체성이 생긴 것이 긍정적인 에너지를 주고 있다. 내가 하고 싶은 일들은 바뀌지 않고 그대로인데 크리에이터라는 정체성 하나로 한 번 더 돌아보고 더 생각하게 된다.

관심 그룹에 참여하여 소속되자

나는 내가 하고 싶은 일들에 관해서 책보다는 온라인 강의로 알아가고 있다. 다양한 분야에 흥미가 있어서 여러 분야의 온/오프라인 강의를 들었다. 요즘에는 책 외에도 온라인 강의들과 여러 커뮤니티처럼 배움의 창구가 많고 쉽게 접근할 수 있다.

정체성을 정한 이후로 크리에이터 커뮤니티에도 참여해서 다른 사람들은 어떤 것들을 하는지 보고 있다. 나같이 오프라인 모임과 활동이 귀찮은 사람들에게 같은 관심사로 모인 오픈 카톡방을 추천한다. 많은 사람의 의견과 생각을 알 수 있다.

나는 크리에이터 방 이외에도 본업인 데이터 방 등 여러 오픈 카톡방에 속해있다. 내가 말을 하지 않아도 다른 사람이 올리는 관심사에 관한 글이나 정보를 틈틈이 볼 수 있어서 좋다. 카카오톡은 매일 사용하는 애플리케이션이라 따로 시간을 들여 접속하지 않아도 내가 보고 싶고 궁금할 때 편하게 볼 수 있어서 애용하는 편이다.

Chapter 2
정체성 만들기를 읽은 안도혁 저자의 생각

나는 성공할 마케터다.

대학 시절, 어떤 일을 할까 말까 고민이 되면 일단 저지르고 봤다. 대외활동을 할까 말까 고민할 시간에 지원을 했고, 강의를 들을까 말까 망설여진다면 일단 결제부터 했다.

그렇게 하다 보니 참 많은 것들을 했던 것 같다. 그런데 사회에 나와 직장 생활을 하면서 많은 것이 변했다. 저지르기보다는 망설이고 고민하는 데 더 많은 시간을 쓰게 됐다. 한 번의 선택에 더 신중했고 그러다 보니 결정을 미룬 채 나태해지는 시간이 많았다.

그러다 나 스스로가 한심하고 뭐라도 해야겠다는 결심이 들면 내 나름대로 강제성을 부여하곤 했다. 모임에 참가해 약속을 안 지키면 벌금을 낸다든지, 미라클모닝 인증방에 들어가 매일 아침 눈도 제대로 못 뜬 채 칫솔에 치약을 짠 사진을 단톡방에 올리고는 했다.

돌이켜 보면 미라클 모닝을 한다고는 했지만 늘 피곤하기만 했고 뭐 하나 제대로 꾸준히 하지는 못했던 것 같다.

분명 나름 열심히 한다고 했고, SNS에 인증도 하고 그랬는데 뭐가 잘못됐던 걸까? 정체성 만들기 챕터를 읽고 내 나름대로 내린 결론은 환경을 제대로 만들어야만 열심히, 그리고 제대로 살 수 있다는 것이다.

미라클 모닝을 하겠다고 단순하게 인증방에 들어가서 참여하면 달라질 수 있을까? 그때는 강제 장치라고 생각했지만 그건 나와 남 모두를 속이는 방법이 너무 많았다.

실제로도 그랬다. 새벽 5시에 일어나 칫솔에 치약을 짜서 사진을 찍고 인증을 한 다음에 너무 피곤하니까 오늘 하루는 괜찮다는 생각으로 다시 잠을 잔 적도 많았다. 아마 나뿐만 아니라 참여했던 많은 사람도 그랬을 거다. 우리는 모두 강제성을 부여하고 나름의 환경을 만들었다고 생각했겠지만, 결국엔 모두가 스스로를 탓하면서 미라클 모닝 후기를 말하는 걸 똑똑히 봤기 때문이다.

책에서 말하는 정체성 만들기란 '나는 이런 사람이 될 거고, 이미 그런 사람이 돼가는 중이야.'를 말하는 듯하다.

내가 원하는 꿈, 목표를 많은 사람에게 말하고 이미 나는 그런 사람인 것처럼 행동하라는 내용인데 이게 말이 쉽지, 정말 어려운 일이다. 특히 나는 많은 성공한 사람들을 보며 했던 생각이 있는데 바로 '어떻게 저렇게 뻔뻔하지?'라는 생각이었다.

분명 내가 봤을 때는 성공한 사람이 아닌 데 성공한 사람처럼 행동한다거나, 전문가가 아닌데도 전문가처럼 행동하는 사람들이 많았다. 그런데 아이러니한 것은 그런 사람들을 보며 '저도 성공하고 싶어요, 저도 더 전문성을 가진 사람이 되고 싶어요.'라고 말하며 따르는 사람들이 너무 많다는 거였다.

처음에는 그런 사람들까지 함께 묶어서 깎아내리기 바빴다. 사기꾼, 거짓말쟁이에 많은 사람이 속은 거라고 말하면서 내 자의식을 보호했다. 그렇게 생각하지 못하면 아무것도 하지 않았고, 못하고 있는 나 스스로가 너무 한심해 보이기 때문이다.

두 번째 장에서 맞았던 팩트 폭행은 바로 결심만 반복하고 그 결심을 지키지 못했을 때 자신만 탓하던 나 자신의 모습을 보고 있었던 것처럼 정확하게 맞췄다는 것이다. 생각해보면 많은 사람이 그런 행동을 반복하고 있는 게 아닐까.

이제 정체성을 만드는 것의 중요성을 알았고 정체성을 만들려면 환경을 잘 설계해야 한다는 걸 알았다. 지금부터는 내가 되고 싶은 모습, 원하는 자질을 생각하고 그걸 가진 것처럼 행동해야 한다. 순간 이 책을 통해 남들 앞에서 말하고 다짐하는 것도 좋은 방법이라고 생각했다. 이건 절대 없어지지 않는 기록이니까 말이다.

나는 성공할 마케터다. 남들보다 뛰어난 마케팅 지식과 자질이 있다. 약 3년 동안 마케팅 실무 일을 했고 나름 팀장 경험도 있고 자신 있는 부분도 많다. 그런데 항상 더 잘하는 사람, 더 실력 좋은 사람들을 보면서 나는 아직 주니어라고 생각했고, 많이 부족하다고만 단정 지었다.

그러면서 실력도 없어 보이는데 흔히 말해 나대는 사람을 보면 거짓말을 한다고 생각했다. 내가 그렇게 행동하면 괜히 허세에 찌든 사람 같아 보일 거 같고 거짓말을 하는 건 아닐까 하는 생각이 들었다.

그런데 이 챕터를 읽고 나서 확신이 들었다. 그런 사람들을 봐서라도 나는 변해야 한다. 결심해야 하고 달라져야 한다. 성공할 마케터이기에 그렇게 보여야 하며 만약 아니더라도 그렇게 행동함으로써 정체성을 바꿔 나아갈 수 있다.

물론 정체성을 갑자기 바꾸기는 어렵다. 하지만 바꿀 수 있도록 그런 환경을 만들어야 하고 그것이 바로 그런 사람들의 무리에 들어가는 것이다. 최근에 훌륭한 마케터분들이 모인 자리에 참여한 적이 있는데 그곳에서 많은 감정이 들었다. 나도 이렇게 실력 있는 사람들과 어울릴 수 있겠다는 생각도 들었고 동시에 이런 분들과 어울리면 더 훌륭한 사람이 될 수 있을 것 같았다.

그럼 앞으로 어떻게 해야 할까. 책에서 말하는 실천 방법들을 구체적으로 적용해 보려고 한다. 첫 번째는 책을 통해 나도 할 수 있다는 생각을 하는 것인데 이건 일하고 있기에 충분히 가능할 것 같다. 일을 열심히 하면서 전문성을 키우고 있고 관련 공부는 지속하고 있기에 꾸준히 해나간다면 어려운 일이 아니다.

두 번째로는 환경 설계이다. 나는 타고나기를 실천을 잘하는 타입이 아니기에 무언가 내 결심을 끌어낼 조작이 필요하다. 누군가에게 약속 해놓고 지킬 수밖에 없게 만들거나 돈을 걸고 안 하면 안 되게 만들어야 한다. 그래야 내 일상에서 내가 원하는 그림에 가까이 가기 위한 노력의 우선순위가 높아지게 된다.

세 번째로는 위에서 말했던 집단 무의식이다. 되고 싶은 모습에 나보다 가까이 다가선 사람들과 어울려야겠다. 더 많이 궁금해하고 물어보고 배우다 보면 앞으로 내딛는 보폭은 날이 갈수록 커질 것이다. 실력 좋은 마케터들을 만나 궁금한 점을 물어보고 따라 하다 보면 나 또한 더 실력 있는 마케터로 성장할 것이다.

스스로 생각하기에 잘하고 있다고 믿지 말자. 내 생각, 행동 패턴을 제 3자의 눈에서 바라보면서 인간의 심리와 본성에 대한 이해를 녹여내 보자. 그러면 나를 좀 더 잘 이해할 수 있고 스스로를 원하는 모습대로 컨트롤할 수 있을 것이다.

Chapter 3
유전자 오작동을 읽은 장은비 저자의 생각

의식화 속에서 자의식 설계하기

앞에 두 개의 chapter를 통해서 나의 자의식을 끄집어내고 한계를
극복하는 방법에 대해서 배워보았다. 그렇다면 이제는 응용하는 과정이
다. 본인의 자의식을 설계해보자. 삶을 살아가다 보면 분명히 본인의
인생을 변화시켜 줄 시기와 순간이 분명히 찾아온다.

우리가 평소에 드라마를 보고 영화를 보면서 가끔 그 드라마나 영화의 주인공이 되는 상상을 해보곤 한다. 바로 페르소나와 이어지는 맥락이다. 작품을 너무 감명 깊게 봤기 때문에 순간 빠져들고 '나도 저렇게 멋진 사람이 되어봐야겠어!'라는 긍정적인 페르소나로 이어지게 된다.

다시 말해, 작품의 주인공을 통해서 내 인생을 멋지게 설계하는 순간이 왔다고 해보자. 무엇을 먼저 해야 할까? 바로 책 읽기이다. 본인을 설계할 수 있으려면 아는 게 많아야 한다. 사람들 앞에서 멋지게 말하는 사람들을 보면 굉장히 멋지게 느껴질 때가 많다.

그래서 한번 물어본 적이 있었다. "교수님, 교수님처럼 이렇게 멋지게 사람들을 휘어잡고 말을 잘하려면 어떻게 해야 해요?"라고 여러 교수님께 물어봤을 때 대답은 같았다. "책을 많이 읽어야 해요." 이 대답을 들은 순간 머릿속으로 정리가 되었다.

'아! 책을 많이 읽게 되면 지식이 쌓이고 나를 단단하게 설계할 수 있겠구나.'라는 생각이 들었다. '아는 게 반이다.'라는 말이 있듯이 옛사람들의 말은 정말 틀린 게 없다. 책을 읽게 되면 다양한 사람들의 실제 사례도 접할 수 있고, 아름다운 글귀를 통해서 감명받아 의지가 향상될 수도 있다.

나는 대학을 졸업한 후 몇 년간의 직장 생활을 통해 '내가 여기서 지금 뭐 하고 있는 거지?'라는 생각이 많이 들었었다. 그저 수동적으로 움직이는 것만 같았고 하루하루가 행복하게 느껴지지 않을 때가 있었다. 사회생활이 내가 생각했던 것만큼 쉽지 않았기 때문이다. 대학을 졸업하면 더 이상의 공부는 하지 않아도 된다고 생각했는데 직장 생활을 할수록 해당 분야에 대해서 더 깊게 파고들어야 전문가가 될 수 있다는 것을 깨달았다.

나는 단순하게 반복되는 삶을 싫어하는 사람이다. 그래서 항상 '주업 이외의 부가적인 것으로 무엇을 해볼까?'라는 생각을 많이 했었다. 정말 생각만 많이 했었다. 직장을 다니면서 취미생활을 한다는 게 신체적, 정신적으로 쉽지 않다는 나름대로 핑계를 가지고 있었다.

이렇게 생각만 하다 보니 몸은 점점 지쳐갔고 뭐라도 해야겠다는 생각에 책을 읽기로 결심했다. 책을 읽다 보니 지식이 쌓여가는 기분이 너무 좋았고 공부를 더 해보고 싶은 마음에 학교도 편입해 공부를 더 지속해서 했다.

아까 인간은 새로운 것을 습득할 때 두려움을 느낀다고 말했었다. 이렇게 도전하기까지 수많은 생각과 걱정을 가지고 선택했다. 과감히 용기를 내어 도전하였고 결과는 매우 흡족이었다. 단순히 지식만 쌓이는 게 아니라 용기도 생겨나고 문제해결 능력도 향상하는 계기가 되었다. 그리고 무엇보다도 나를 조금 더 이해할 수 있는 능력도 생겨났다.

내 인생을 지금부터 어떻게 설계하면 좋을지, 더 많은 일에 도전해야 겠다고 생각했다. 이처럼 책은 마법의 도구이다. 시대에 걸맞게 종이책을 넘어서 전자책으로 발전되는 모습을 보고 그만큼 책 읽기가 중요하다는 것을 알았다.

인간이 살아가는 데 없어서는 안 될 중요요인 중 하나가 바로 지식이다. 예를 들어보자. 부동산 지식이 없으면 집을 사고팔 수 없고, 자칫하면 사기도 당할 수 있다. 또한 의사가 의료상의 지식이 없으면 환자들에 적정한 치료도 제공해 줄 수도 없고, 운동할 때 근육과 뼈에 대한 지식이 없으면 다치기도 쉽다.

이처럼 우리 일상생활에서 필요한 것이 지식이라고 다시 한번 당당하게 말할 수 있다. 본인을 설계한다는 것은 본인이 세상에서 현명하게 살아갈 방법을 배워나간다고 생각하면 될 것 같다. 우리가 살아가는 모든 순간이 선택이듯이 다가오는 모든 순간에도 지식을 발휘해야 한다.

또한 자의식을 설계하게 되면 정체성 확립이 더욱 쉬워진다. 여기서 말하는 정체성이란 '나의 이름은 OOO이고 직업은 OOO입니다.'를 말하는 것이 아니다. 정체성을 직업으로 단정 지어서는 안 된다. 정체성은 주체는 바로 본인이다. 정체성에도 변화를 주어야 최고가 될 수 있다. 하지만 정체성에 변화를 주기 위해서는 어떻게 해야 할까?

첫 번째는 목표설정이다. 내가 정체성에 변화를 주려는 목적이 무엇인지 구체적으로 생각해봐야 한다는 것이다. 목적이 없으면 어느 순간 본인이 하는 행위에 대해 의구심이 들 때가 찾아오기 때문이다.

두 번째는 목표에 따른 세부 사항을 작성해야 한다. 해당 목표를 달성하기 위한 본인만의 목록(list)을 작성해 각 항목에 대해 실현하는 방법을 자세하게 작성하는 것이 중요하다. 자세하게 나눠서 작성하지 않으면 항목이 많아지고 할 일이 많아졌을 때 혼란스러움을 느끼기 쉽기 때문이다.

세 번째는 작성한 목록들을 실천하는 것이다. 실천하는 것이 실질적으로 매우 어려울 수 있겠지만 몇 번 하다 보면 익숙해지는 시간이 오고, 참고 견뎌내면 분명히 내 것이 되는 순간이 온다. 나도 직장에서의 일과를 마친 후 영어 공부를 하기 시작했다.

영어 공부를 시작한 이유는 고등학생 때 영어 공부에 푹 빠져 영어로 문장을 만들고 일기를 작성하면서 재밌었던 순간이 떠올랐기 때문이다. 이렇게 즐거웠던 순간을 다시 느끼고자 시작했다. 다시 시작할 때 문법이랑 단어가 잘 생각나지 않아 힘들긴 했지만 하다 보니 기억이 새록새록 났고 실제로 외국인을 만났을 때 간단한 의사소통 정도는 할 수 있는 수준이 되었다.

그리고 지금은 책 읽기에 집중하고 있다.

위의 사례처럼 이것저것 다양한 활동을 해보는 것을 추천한다. 직장인이라면 일과를 마친 후, 대학생이라면 주말을 이용하여 한번 다양한 취미활동을 해보는 것을 추천한다. 그것이 운동이든지, 독서 모임이든지 상관없다. 여러 가지 활동하다 보면 분명하게 알 수 있다.

다시 말해, 본인이 잘하는 것과 못하는 것을 빠르게 구분해 낼 수 있다는 것이다. 내가 아는 분은 직장을 다니면서 스트레스를 풀겠다는 명목으로 주짓수를 배웠는데, 주짓수의 매력에 흠뻑 빠져 직업을 주짓수 코치로 전향한 사례도 있었다.

이렇게 다양하게 활동하다 보면 직업도 바뀌고 나의 정체성도 바뀌게 된다. 그래서 정체성을 직업으로 단정 짓지 말라는 말을 한 것이다. 정체성을 직업으로 단정 짓게 되면 그 굴레에서 빠져나오는 것이 절대 쉽지 않다. 편견이 있으므로 정체성을 발휘하는 행위가 어렵게 느껴질 수 있기 때문이다.

Chapter 3
유전자 오작동을 읽은 희다 저자의 생각

〈 내가 느낀 핵심 내용 〉

인간이 가지고 있지만 역행해야 할 본능
1. 새로운 도전 기피
2. 평판에 대한 눈치
3. 일부로 전체를 일반화
4. 손실에 대한 스트레스

나는 책에서 설명한 인간이 가지고 있지만 역행해야 할 본능을 네 가지로 구분했고 각각의 본능에 관한 나의 사례를 생각해보았다.

1. 새로운 도전 기피

우선 새로운 도전을 꺼리는 본능은 나에게 많이 없는 것 같다. 새로운 지식과 경험을 얻는 것을 너무 좋아한다. 내가 모르는 것은 다 재미있어 보이고, 해보고 싶은 마음이 든다. (정적인 활동에만 해당한다. 움직이는 건 싫다….) 너무 아이 같은 생각인가 싶기도 하지만 내 인생인데 내가 재밌으면 되는 것 아닌가.

직접 해보면서 '이건 재밌고 이건 생각보다 재미없네'를 느끼는 것도 좋고 그러다 보면 어떤 것은 좀 더 잘해보고 싶다는 생각이 들기도 한다. 부모님께서 어릴 때부터 다양한 경험을 하게 해 줬고 대부분 하고 싶은 건 다 할 수 있도록 지지해주셔서 재밌게 할 수 있었던 영향이 큰 것 같다.

부모님께 감사하다.

2. 평판에 대한 눈치

평판을 신경 쓰고 눈치는 많이 보는 편이다. 초등학생 때부터 나는 타인의 시선에 대해 너무 많은 신경을 쓰고 살아서 나의 감정과 말, 표현에 대해 감추기만 했다. 내가 하고 싶은 것에 대해 이상하다고 생각하는 것은 아닐까? 내가 어떤 말을 했을 때 누군가 불쾌감을 느끼거나 나를 싫어하지 않을까? 이와 같은 생각에 빠져 결국 하고자 하는 말을 못 하고 의견을 못 내는 아이였던 것 같다.

성장하면서 자연스럽게 생각보다 사람들은 개개인에 큰 관심이 없다는 것을 알게 되었다. 그리고 모두에게 좋은 사람이 될 수는 없다는 것도…. 아무리 내가 모두를 신경 쓰고 노력해도 모든 사람의 니즈에는 맞출 수 없으니 그냥 내가 좋은 대로 살자는 마인드로 바꾸기로 했다. 그래서 나이가 들면 들수록 말이 많아지고 있고 적극적으로 의견도 많이 내고 있다. 이미 습관이 들여져 지금도 눈치를 보는 면이 있지만 나이가 들수록 점점 나아지지 않을까 기대한다.

3. 일부로 전체를 일반화

일반화는 본능적으로 거부하고 있는 것 같다. 생각해보면 어릴 때부터 유독 일반화를 싫어했는데 아직 이유는 찾지 못했다. 집단으로 묶는 것이 싫고 사람 개개인의 특성을 바라보고 싶다. 집단의 특성이 있을 수는 있지만 절대적이진 않은 것 같다.

실제로 내가 들은 가장 충격적이었던 일반화는 "나는 홍씨랑은 잘 안 맞아" 이다. 세상에 얼마나 다양한 홍씨가 있을 텐데 그럴 수가 있나? 이런 개인적인 일반화부터 쉽게 들을 수 있는 "이런 상황에서 여자들의 생각은 어때? (항상 "그건 사람마다 다르겠지만 저는 이런 생각이에요"라고 대답한다)" 까지 있지만 여전히 일반화를 이해하기 힘들다. 직장복지로 심리상담 서비스가 있었는데 상담 선생님께서 일반화를 유독 심하게 안 하려고 한다고 살아가는 데 조금의 일반화는 필요하다고 말씀하셨다. 상담하면서 이 부분을 깨닫게 되어서 그 이후로는 반대로 일반화를 해보는 연습을 해보고 있다.

아직 일반화가 이해가 가진 않지만, 생각 자체는 그럴 수 있다고 생각하고 이해해보려고 노력하는 중이다. 살면서 풀어야 할 숙제라고 생각한다.

4. 손실에 대한 스트레스

손실에 대한 스트레스는 내가 이해하기로는 확률적으로 좋은 일이 될 가능성이 조금 더 큰데 손실이 날 것에 대한 두려움 때문에 시작하지 않는 경우를 피하라는 내용이다. 그리고 이런 스트레스를 많이 생각하도록 진화했기 때문에 행복과 기회를 놓친다고 한다. 이건 염두에 두면 좋은 생각인 것 같다. 손실에 대해서 생각 안 하는 것이 힘들고 이런 생각 때문에 도전하지 않았던 일들과 놓쳤던 기회들이 많았다.

나에게는 앞에 나왔던 평판과 눈치에 대한 스트레스를 많이 받아 이런 사례들이 종종 있었다. 대학생 때 친한 교수님께 인턴 기회를 제안받은 적이 있다. 전화로 설명해주시면서 나의 의사를 물었었는데, 갑자기 그런 제안을 들어서 당황스럽긴 했지만, 인턴 기회는 나로서는 어떻게든 좋은 경험이 될 것이었다. 하지만 너무 좋다고 하면 부담스럽지 않을까? 이상해 보이지 않을까? 뭐라고 대답해야 할까? 이런 고민을 하다가 놓쳤다. 나는 긴장한 나머지 "...괜찮은 것 같아요."라고 대답을 해버렸다. 결국 교수님은 거절로 받아들여서 인턴은 다른 친구가 했다. 돌아보면 "이상해 보이지 않을까"에 온 신경을 쏟은 내 잘못된 생각이었다.

여기서 내가 걱정했던 손실은 평판에 대한 본능이었던 것 같다. 내가 너무 좋아하면 조금 이상하게 보이지 않을까, 사실 아무도 이상하게 보지 않는데 왜 그러나 모르겠다. 아직도 고쳐야 하는 부분이라 생각 하고 그 이후로는 괜찮다는 말을 사용하지 않고 그냥 좋다고 하고 있 다.

네 가지 본능에 관한 사례를 생각하다 보니 책에서 설명한 인간의 본 능과 나의 본능에는 차이가 있었다. 인간의 본능은 모두 같게 적용되 는 것이 아니라 개개인마다의 본능이 있다고 생각한다. 그러니 나에게 어떤 본능이 있는지 인지하고 그것을 생각해보았을 때 살면서 크게 도 움이 되지 않는, 오히려 손실을 가져다줄 본능을 찾고 그것을 개선하 려고 노력해야 한다고 생각했다.

나에게 있어서는 평판에 대한 본능, 그리고 내 의사 표현을 최대한 숨 기려는 본능이 가장 방해요인이 된다고 판단하고 개선하는 중이다.

Chapter 3
유전자 오작동을 읽은 안도혁 저자의 생각

이 책의 메시지를 부정할 수 있나요?

클루지가 정말 강하게 다가왔던 챕터이다. 1장의 자의식을 해체해야 한다는 맥락과 이어져서 왜 우리는 자의식에 빠질까에 대한 의문을 해결해 주었다. 유전자가 오작동하기 때문이고, 애초에 인간은 이런 유전적인 요인들에 지배당하는 경우가 많다는 것이다.

사실 나 역시도 끝없는 심리적 오류에 빠진다. 기억, 의사결정, 판단 등 뇌를 사용하는 많은 것들이 제대로 된 논리가 없이 조잡하게 이어지는 경우가 많다.

오늘은 일찍 자고 내일 일찍 일어나야겠다고 결심하더라도 어느 순간 오늘 하루 고생했으니까 유튜브 좀 보고 자도 괜찮겠지라는 생각으로 합리화하기 바쁘다. 이런 행동을 할 때면 사람이라면 다 그렇지 않을까 생각하면서 다음으로 계획을 미루고 마는 것이다.

이런 생각을 하기도 한다. "왜 계획을 미룰까? 인간이니까 다 그럴 수 있는 거 아닐까? 누구나 쉬고 싶고 놀고 싶고 그러니까 말이야." 나는 유전자의 작동에 대해서 어느 정도 인지하고 있었던 것일지도 모른다. 그리고 진화론적으로 지금 시대와 세대에 많은 사람이 비슷한 행동을 보이는 것을 예시로 들며 어떻게 보면 당연한 거라고 단정 지었던 것 같다.

즉 한 번도 그게 오작동이라고 생각해 본 적은 없었다. 그냥 인간이라면 누구나 그렇게 생각하는 게 당연하다고만 생각했다. 어떻게 존재하는가에 대해 생각은 했었지만 그걸 어떻게 바꾸고 다르게 만들 수 있을까는 고려 대상이 아니었다.

책에서 예시로 들어준 인간의 신체에 대해 곰곰이 생각해보면 참 아이러니한 것들이 많았다. 우리 치아는 왜 그렇게 쉽게 썩는 것이며 사랑니가 나는지 의문이고, 척추는 왜 그렇게 약한 건지 온통 비합리적인 것투성이이다.

신체뿐만 아니라 정신도 완벽하지 않은 것들이 너무나도 많다. 우리는 스스로를 저버리고 속이고 실망하게 한다. 당연한 거로 생각하는 것들을 놓치고 실수하기를 반복한다. 그럼 '이러한 것들을 바꿀 수 있을까? 바꾸기 위해 노력해야 할까?'라고 생각했을 때는 그건 사람마다 가치관을 어디에 두느냐에 따라 다르다고 생각한다.

책에서 말하는 클루지, 손실을 회피하려는 경향, 새로운 걸 배우는 것에 대한 막연한 두려움에 대해서는 동의하고 공감하는 편이다. 그럼 이걸 어떻게 바꿀 수 있을까? 손실에 대해서 무시하는 습관을 길러야 한다고 말하지만 이건 합리화가 아니냐는 의문이 든다.

내가 손실을 보았더라도 더 좋은 기회가 있을 수 있으니까 손실을 무시하고 너무 걱정하지 말라는 조언은 여러 작용 요소들을 무시한 말같이 느껴졌다. 앞장에서 말했던 자의식 해체와 크게 다르지 않은 말을 이번에는 '유전자 오작동'이라는 말로 설득하고 있다는 느낌이 강하게 들었다.

특히 예시로 들어준 유튜브에 대한 도전은 성공했으니까 가능한 말이다. "나도 유튜브 해볼까?"라는 말을 사람들이 많이 하지만 하지 않는 이유는 그렇게 삶에 필요하지 않기 때문도 있고 그만큼 간절하지 않기 때문이다.

우리 일상에도 중요한 일과 덜 중요한 일, 빨리해야 하는 일과 그렇지 않은 일들이 존재한다. 예를 들어 유튜브에 도전할까 고민하다가 도전하지 않은 게 문제가 아니라 그 시간에 아무것도 하지 않았다는 게 문제라고 생각한다. 그렇기에 예시로 들어준 유튜브에 도전할까 망설였지만, 생각을 바꿔 도전했고, 포기할까 싶었지만 도전해서 성공했다는 사례는 유전자가 오작동하는 것과는 꽤 거리가 멀게 느껴졌다.

이걸 안 했으면 무엇을 했을지를 항상 생각하고 있어야 하는데 단순히 나는 유튜브 포기할 뻔했지만, 생각을 전환해서 성공했다는 말이었기 때문이다.

과연 그런 당연한 심리 작동 방식과 그에 따른 결과를 인간의 유전자가 오작동해서 일어난 일이라고 말할 수 있을까? 그리고 그러한 유전자의 오작동을 사전에 인지하고 바꿔서 이루어낸 결과라고 말할 수 있을까?

그리고 애초에 유전자는 오작동하는 것이 아니라 작동하는 것이다. 오작동한다는 건 기계 또는 전자 제품 등이 기능이 이상하여 잘못 작동하는 것을 말하는데 유전자는 그런 영역이 아니다. 유전자, 인간 심리, 진화해온 방식을 인지하고 자신의 성향이나 상황에 맞게 잘 활용하는 것이 중요한 것이란 거다.

그렇기에 이 챕터는 "너는 인간이기에 나약한 존재고, 인간은 본능적으로 잘못된 생각을 해. 몰랐지? 그런데 그걸 바꾸지 않으면 아무것도 할 수 없어."라고 말하기 위해서 유전자 오작동이라는 단어를 장치로 두는 게 아닐까 싶었다.

흔히 자기계발서를 싫어하는 사람들이 공통으로 하는 이야기가 있다. '그래서 뭐 어떻게 하라는 건데?'라는 말이다. 그래서 나도 자기계발서를 멀리하기 시작했었다. 그래도 이 책은 다르다고 생각을 했었지만 3장에서는 크게 다른 점을 느끼지 못했다.

유전자가 오작동 한 것이니 그걸 인지하고 바꾸라는 말이지만 어떻게 보면 다른 자기계발서에서 하는 말과 다르지 않았다. 손실을 무서워하지 말고 무시해라. 남 눈치 보지 마라. 일단 도전해보라는 말만 있는 것 같은 챕터였다.

차라리 다른 예시나 내용이 있었으면 더 좋았을 거 같다. 글쓴이가 아직 바꾸지 못한 클루지를 이야기하며 그걸 깨기 위해 어떤 노력을 계속하고 있는지를 말해주는 것이다. 비합리적인 안 좋은 습관이나 태도가 아직 남아있고 이걸 깨기 위해서 어떤 육체적, 정신적인 장치를 두고 있는지를 보여주면 더 적용해 보기에 쉬웠을 것 같다.

사실 이렇게 쓰면서도 스스로가 합리화하고 있는 거 아닐까? 자의식을 해체하지 못하고 부정하는 건 아닐까 생각이 든다. 하지만 이런 생각이 드는 이유도 책의 앞선 내용에 나온 여러 문장과 단어 선택들이 그런 부정적인 생각을 하는 것 자체를 막고 있다고 생각한다. '그래서 네가 성공하지 못했던 거야'라고 말하고 있으므로 마음 한편에 불편함이 계속 남는 듯하다.

이 책을 읽는 사람들도 생각해봤으면 한다. 역행자 책의 메시지를 스스로 강한 확신하고 부정하는 것이 쉬운가?

Chapter 4
뇌자동화를 읽은 장은비 저자의 생각

자의식, 밀고 나아가라!

사람들은 예로부터 타인에게 보여지는 이미지에 대해 매우 민감하게 생각하곤 했고 지금도 그렇다. 타인의 시선이 두려워 정작 본인이 밀고 나가야 할 일에 대해서 추진하지 못하는 모습을 볼 때 마음이 아프다.

노력을 통해 자의식까지 설계하는 과정을 마쳤는데 정작 추진력이 없다면 무슨 의미가 있는가? 추진력이 없다는 것은 나설 용기가 없다는 것을 의미한다.

자칫하면 사람들의 시선 때문에 판단오류를 범해 의사결정 시 잘못된 판단으로 이어질 가능성이 있다. 한 가지 예를 들어보자. 유명한 SNS 계정에 여성이 다이어트 성공 사진을 올린 후 사람들의 반응이 매우 뜨겁다는 것을 확인하였다. 그런데 여성은 사람들의 부러움 시선을 더 담기위해 밥을 점점 거부하고 앙상해져 가는 모습을 지속해서 올린다고 했을 때 과연 여성이 실질적으로 얻은 것은 무엇인가? 사람들의 시선을 얻기 위해 본인의 건강을 잃은 건 아닐까? 하고 생각해 볼 수 있다.

순간적으로 잘못된 판단이 부른 오류이다. 아까도 말했듯이 인간은 새로운 것을 받아들일 때 두려움을 느낀다. 한 번도 시도해 보지 않은 경험이기 때문이다. 사실 새로운 것에 두려움을 느끼는 사람들은 발전이 어렵다는 말을 전하고 싶다.

이 또한 예를 들어보자. 많은 직장인이 걱정하는 것 중의 하나가 바로 이직이다. 나도 직장생활하면서 이직에 대한 두려움이 있었다. 하지만 이직을 통해 나의 몸값을 올리고 싶고, 다른 곳에서 새로운 것들도 습득하고 싶은 마음에 이직을 결심했다. 사람들은 새로운 곳에 가서 새로운 것에 익숙해져야 하는 적응 기간을 힘들어해 이직하지 않고 참는 경우가 많다.

하지만 나는 전문 직종인 나의 직업 특성을 살려 더 다양한 지식을 습득하고자 여러 번 이직에 성공하였다. 하지만 무턱대고 하는 것이 아니라 준비를 통해 이뤄져야 한다. 나만의 포트폴리오를 만들어놓고 이직 때마다 자료를 보여주며 '저는, 이런 업무를 유능하게 잘할 자신이 있습니다.!' 라는 나의 의지를 보여주었더니 그 모습을 좋게 보고 내 뒤에 다른 면접자들이 있었음에도 바로 나를 채용한 적도 있었다.

이렇게 한번 두려움을 깨고 나니 다음부터는 어렵지 않았다. 오히려 새로운 것에 도전하는 것에 흥미를 느끼는 사람이 되었다. 마지막으로 인간은 손해에 대한 두려움을 느끼기도 한다. 여기서 말하는 손해는 본인의 기준에 미치지 못했을 때 나오는 감정적인 손해를 의미한다. 그럼 지금부터 손해를 경험이라고 생각해보면 어떨까?

이번에도 예를 들어서 보자. 한 남성이 사업을 시작했을 때의 수입이 한 달에 1,500만 원 정도였는데 몇 년이 지난 후 자리를 잡자 한 달 수입이 무려 8,000만 원 까지 올랐다고 가정해보자. 그런데 경기가 어려워져서 한 달 수입이 6,500만 원 정도도 줄었을 때 남성의 심리는 초조하고 불안감을 느끼고 있을 것이다.

사실 우리가 봤을 땐 어느 정도 자리를 잡고 한 달 수입이 감소해도 별 지장이 없는 것으로 보이지만 남성은 손해 보는 게 싫은 것이다. '다음에도 계속 이러면 어떡하지?'라는 심리적인 불안감과 두려움을 가지고 있다.

하지만 이러한 손해를 경험이라는 단어에 적용해 보았을 때 현 상황을 해결하고자 하는 방안을 마련한다면 다음에 이런 상황이 왔을 때는 더 적은 손해를 보거나 아예 손해를 보지 않는 대처 능력을 마련할 수 있다. 인간의 본성을 오히려 역이용해 생각의 관점을 바꾼다면 현명한 사람으로 거듭날 수 있다.

자의식이 심리적으로 위기에 빠졌을 땐 감정적으로 흔들리지 말고 이성적인 판단으로 위기를 벗어나는 자세가 필요하다.

또한 우리는 위의 사례들을 통해 사람들의 생존방식도 알 수 있다. 인간은 어느 곳에서나 의심이 들 때는 심리적으로 방어기제 현상을 발현시킨다. 방어기제는 순간의 선택이 왔을 때 본인의 두려움으로 인해 상황을 회피하려는 현상이다.

위의 사례들처럼 사람들의 지속적인 관심을 놓치고 싶지 않아서, 이직을 성공적으로 하기 위해서, 경제적으로 손해를 보고 싶지 않아서 등의 여러 가지 이유가 사람마다 존재하게 된다. 방어기제를 조금 더 깊게 살펴보면 자아가 위기 상황에 놓여있다고 판단될 때 무의식적으로 자신을 속이거나 주어진 상황을 다르게 해석하는 현상이다.

방어기제 현상은 프로이트의 이론에서 유래되었으며 각 세부 사항을 살펴보도록 하자.

먼저, 상황이 감당하기 어려울 때 나타나는 '부정' 현상이다. 보통 부정이 발생하는 상황은 예기치 못한 상황이 발생했을 때 무의식적으로 순간을 회피하고 싶은 현상이다.' 익숙함에 속아 소중함을 잃지 말자! '라는 명언을 알고 있는가? 우리는 익숙함에서 벗어나지 못하게 된다면 스스로 발전시킬 기회가 있다는 사실도 잊어버리게 될 수 있다.

두 번째는 상황을 본인의 생각에 따라 정당화시키는 '합리화' 현상이다. 단순히 상황을 회피하려는 게 아니라 본인이 처한 상황을 유리하게 자기만의 방식대로 꾸며내는 것이다. 자신만의 기준이 있는데 그 기준치를 미치지 못하면 심리적으로 본인은 할 만큼 했다고 생각하여 상황을 얼른 종료시키고 싶은 마음으로 가득하다.

세 번째는 타인의 탓으로 원인을 돌리는 '투사' 현상이다. 투사 현상은 본인의 무의식적인 그림자 속에서 잠시 정체성의 혼란이 일어나 사건이 발생한 원인을 본인이 아닌 타인이나 다른 원인에 있다고 보는 현상이다. 본인이 발전 안 되는 원인을 온갖 이유를 가지고 핑계를 대며 상황을 무마시키려는 행동은 아주 위험한 행동이다.

네 번째는 부정이랑 반대되는 '승화' 현상이다. 부정은 단순히 상황을 피하려고 하기만 했다면 승화는 상황을 회피하기 위해 직접 부딪히는 것보다 상황에 따른 스트레스를 공격적인 성향으로 운동, 그림그리기 등으로 표출하는 현상이다. 자신에게 용납되지 않는 충동이나 감정을 표출함으로써 스트레스를 푸는 과정이라고 볼 수 있다.

우리는 이러한 방어기제 현상을 통해서 사람들이 무의식에서 의식화하는 과정이 얼마나 어려운 일인지 알 수 있다.

또한 방어기제를 가지는 원인 중 하나가 미래를 예측하는 것이다. 스스로 미래를 부정적으로 예측해 두려움이라는 감정이 생겨버리게 되고 결국 용기가 없어 쉽게 도전할 수 없는 것이다.
나의 사례를 한가지 이야기하자면 나는 발표하는 것에 굉장한 두려움을 느끼고 있었다. 사람들이 나를 집중적으로 쳐다보는 시선으로 인해 '실수하면 어떡하지?', '내 발표가 맘에 들지 않으면 어떡하지?'라는 걱정을 발표 시기마다 해왔다.

걱정되어 실수하지 않으려고 여러 번 발표 연습을 하고 수십 번 연습했다. 발표할 때마다 이런 감정이 지속되다 보니 나중에는 점점 지친다는 느낌을 받았다. 그래서 즐긴다는 마음으로 마인드컨트롤을 하며 준비하다 보니 그다음부터는 정말 즐기는 사람이 되었다.

나는 방어기제를 극복해 낸 사람으로 거듭난 것이다.

미래에 대한 예측이 가능하다면 왜 이 책을 읽겠는가? 알았다면 벌써 성공했겠지…. 과거의 아픔에 매달리거나 미리 발생하지도 않은 상황에 대해 풍부한 상상력을 낭비하는 일은 없도록 하자.

Chapter 4
뇌자동화를 읽은 희다 저자의 생각

〈 내가 느낀 핵심 내용 〉

뇌를 발달시키는 방법
1. 독서와 글쓰기
2. 장기적으로 생각해서 행동하자
3. 새로운 시도를 많이 하자

4단계는 뇌는 사용함에 따라 발달하고 변화한다는 신경 가소성 이론을 소개하며 뇌를 발달시키는 방법에 관한 내용으로 이루어져 있다.

1. 독서와 글쓰기

나는 책을 좋아한다. 내가 아직 가보지 않았고 어쩌면 앞으로도 갈 수 없는 세계를 책 속에서 경험할 수 있어서, 다른 사람들의 생각과 경험에 들어갈 수 있어서 좋다. 어릴 때 내 꿈은 돈을 많이 벌어서 도서관 옆에 있는 집을 사서 매일 책만 읽는 삶을 사는 것이었다. 하지만 오직 재미로만 읽었기 때문에 책을 읽고 기억에 남는 것은 거의 없었다. 읽고 재밌다! 하고 그냥 잊힌 책이 대부분이다. 좋은 책을 읽고 시간이 지나면 잊히는 것이 너무 아쉬워서 독서에 대한 강의를 보았다. 책을 읽고 챕터별 요약하고, 책 요약하고, 글을 써보고, 다른 사람에게 설명하는 것이 핵심이었다. 책을 읽는 것은 쉬운 일이지만 그걸 읽고 글을 쓰는 것은 꽤 힘든 일이다. 그래서 이 출판모임에 참여했다. 하나의 책을 읽고 글을 써서 책을 내는 모임이니 이렇게 억지로 기한에 맞춰 쓰게 되었다. 나는 글쓰기를 좋아하는 편은 아니었는데 이번 시도를 통해 좋아하게 되었다. 글을 쓰면서 나에 대해서 더 생각하게 되고 생각을 글로 풀어내야 하니 개념을 조사하는 그 과정이 꽤 재미있다. 이 책 이후에도 브런치에 도전해서 책 읽고 글쓰기를 꾸준히 하려고 한다.

2. 장기적으로 생각하기

항상 장기적으로 생각하고 하는 편인 것 같다. 큰 예시로 인생에 대한 방향성, 나는 무엇을 하고 살까에 대해 많이 생각한다. 지금 생각해보면 생각의 흐름은 좀 이상했지만, 생각 덕분인지 운 좋게도 원했던 회사에서 원했던 직업으로 일하고 있다.

내 첫 번째 장기적인 수는 직업 선택이다. 고등학생이던 '나'는 지금보다 더하고 싶은 일이 많았고 어려서 학과를 정하면 평생 직업이 될 것으로 생각했다. 나는 이것저것 다 하고 싶었는데 이제 뭔가 하나를 선택해야 하는 상황이 와서 슬펐다. 내가 가장 좋아했던 예술 분야 일은 돈을 벌어서 취미로 하기로 하고(재미있는 일도 일하기 위해서 하면 재미없어진다는 것을 경험으로 깨달았다.) 어떤 일을 내 평생 직업으로 할지 엄청난 고민을 했다. 내 성적에서 갈 수 있을 만한 모든 대학교의 모든 학과에 있는 커리큘럼을 다 뒤져보았다. 배우고 싶지 않았던 체육, 한문, 신학을 배우는 곳을 제하고 나머지는 다 흥미롭고 재미있는 것이었다. 그러다 데이터를 만났다. 이거다! 느낌이 왔다. 어디에나 데이터가 있고 세상에는 다양한 데이터가 있다. 수많은 분야에서 발생한 데이터를 보면서 다양한 분야의 지식을 얻을 수 있을 것 같았다. 그렇게 데이터 전문가가 될 준비를 시작했다.

두 번째 장기적인 수는 회사 선택이다. 다양한 데이터를 보는 것이 좋아 데이터 직군을 목표했지만 결국 어떤 데이터를 다룰지, 어떤 회사에서 어떤 일을 할지를 선택이 필요했다. (준비하는 시간 동안 데이터 전문가가 세분되어 데이터 직무들이 여러 개로 분리되었다) 또다시 슬픔을 맞이하며 어디서 어떤 일을 하면 행복할까에 대해서 고민했다. 나는 다양한 지식을 습득하는 것을 좋아하니 그걸 할 수 있는 곳, 머리나 옷차림에 제약 없이 편하게 다닐 수 있는 곳. 앞으로 회사에서 보내는 시간이 가장 많을 것이니 재밌고 행복한 곳에서 최대한 편하게 일하고 싶었다. 틈틈이 회사들을 찾아보던 중 온라인 강의 플랫폼 회사를 발견했다. 학생인 나에게는 비싸서 이용하지 못했지만 온라인 강의는 종류가 아주 다양했고 내가 하고 싶은 게 너무 많았다. "와! 복지로 강의도 들을 수 있고 준비물도 회사에서 지원해준대! 분위기도 엄청 자유로워 보이고 데이터 직군도 있어!" 여기서 일하면 제일 행복하게 일할 수 있을 것 같았다. 그렇게 가고 싶은 회사를 정했고 기회는 조금 뒤에 생각보다 빠르게 찾아왔다.

원했던 회사에 입사한 뒤로 나는 왜 돈을 버는가에 대해 고민했고 결국 돈을 벌어 하고 싶은 일은 내가 학창 시절에 원했던 창작활동들이었다. 학생일 때는 취직하고 돈을 많이 벌고 안정적인 자산이 있을 때 시작하기를 결심했지만 취직하고 안정적인 자산까지는 꽤 멀어 보였다 (집사기였다). 결국 돈을 벌어 창작활동을 하고 싶다면 지금 그냥 적당히 벌어도 할 수 있는 것 아닌가? 그래서 그냥 하기로 했다. 꽤 장기적으로 생각하고 결론을 내리고 실행하기 시작했다.

3. 새로운 시도를 많이 하자

새로운 분야를 공부하고, 새로운 길로 다니고, 충분히 자는 것이 뇌의 성장을 돕는다고 한다. 3단계에서 언급했듯이 새로움을 추구하는 본능을 가지고 있어 새로운 경험과 시도, 배움을 위해 살아가고 있다. 뇌의 성장은 사실 잘 모르겠지만 그냥 재미있다. 세상에는 참 재미있는 게 많다. 온라인 강의플랫폼 회사에 입사한 이후로 온라인 강의와 함께 살고 있다. 유산소 운동할 때, 출근 준비할 때, 출퇴근할 때, 주말에 혼자 있을 때 등등 항상 강의를 듣는다.

재밌다.

강의도 책을 읽듯 가볍게 듣고 있어서 기억에 많이 남지는 않지만 비슷한 내용을 반복적으로 들으면 내 뇌 어딘가에 잘 남아있지 않을까 기대한다. 식당도 안 가본 식당 메뉴도 안 먹어본 것을 선호한다. 역행자를 읽고 새로운 길로 다녀보기를 새롭게 시도해 보고 있다. 항상 같은 길을 이용해왔는데 여유가 있을 때는 가보지 않은 길로 일부러 다녀보려 한다. 어두운 밤에는 무서워서 하지 않기로 했지만 새로운 재미를 찾았다. 동네 구석구석을 좀 더 알아가고 있다.

Chapter 4
뇌자동화를 읽은 안도혁 저자의 생각

독서보다 중요한 것

뇌를 최적화한다면 성공한 인생을 살 수 있을까? 꼭 그렇지는 않다고 생각한다. 다만 뇌를 최적화한다면 원하는 방향이 있을 때 그 방향으로 빠르게 나아갈 수 있는 능력을 갖춘 것이고 이를 통해 더 스마트한 삶을 살 수는 있을 것 같다.

성공한 인생은 아닐 수 있지만 스마트한 인생은 맞지 않을까 생각한다. 그래서일까? 뇌 자동화 챕터는 개인적으로는 가장 궁금했던 부분이다. 평소에 마케팅 일하면서도 업무 자동화에 정말 관심이 많기 때문에 뇌를 자동화한다는 말만 보고도 궁금증이 생겼다.

뇌를 자동화, 최적화할 수 있다면 누구보다 스마트한 삶을 살 수 있을 거로 생각하고 이를 통해 자동 수익을 만들 수 있기 때문이다. 자동 수익이 발생하는 인생이 성공한 인생인지는 모르겠지만 성공한 인생에 가까워질 수 있는 유리한 조건이라는 건 부정할 수 없다. 그런 점에서 우리는 무엇을 효율적으로 해야 뇌를 최적화시킬 수 있을까?

사실 최적화라는 말은 보통 어떤 조건 아래에서 최대의 효율성을 추구하여 이익이 최대가 되는 것을 말한다. 그럼 뇌 최적화라는 건 뇌를 최대한 효율적으로 사용한다는 것인데 나는 그 방법이 궁금했지만, 책에서 보고 내린 결론은 그래서 결국 책을 많이 읽으라는 말인가 싶었다.

한 권의 책은 큰 영향을 안 줄 수도 있지만 많은 책을 읽으면 그게 복리가 되어 큰 자산으로 돌아온다는 내용이 크게 와닿았다. 물론 맞는 말이다. 독서는 부정할 수 없이 좋은 습관이자 자산이다. 하지만 뇌 자동화, 최적화 관련해서 주제로 다룰 이야기는 아닌 듯하다.

왜냐하면 인생에 복리 개념으로 적용할 수 있는 건 너무 많다. 책이 그러하듯 우리가 할 수 있는 대부분의 경험은 복리로 적용할 수 있다. 빵을 만든다고 가정했을 때도 제빵, 제과 경험은 복리로 적용될 것이다. 관련 지식과 경험이 계속 쌓이고 더 큰 경험을 활용해 더 나은 제품을 만들게 될 것이기 때문이다.

운동도 마찬가지다. 오늘 열심히 운동하고 계속 반복해서 운동하면 체력이 올라가고 힘이 좋아진다. 그 좋아진 힘으로 더 큰 무게로 운동하거나 더 좋은 체력으로 운동하면 더 효율적인 운동을 할 수 있다. 책과 마찬가지로 복리로 적용할 수 있다는 게 많다는 말이다.

요즘 같은 시대에는 경험, 체험할 수 있는 요소, 방법들이 참 많다. 유튜브도 있고 좋은 교육자료들도 정말 많다. 체험 프로그램, 강의, 클래스들도 찾아보면 누구나 쉽게 좋은 경험을 찾아 나설 수 있다.

그런데 그중에서 뇌 최적화를 위해 가장 좋은 방법이 책 읽기라는 게 조금 설득 근거가 아쉬웠다. 1시간 책 읽고 운동하면 당장 뭐 안 보이더라도 복리로 커질 것이고 언젠가 성공한다는 말이 솔직히 논리적으로도, 상식적으로도 말이 안 된다고 생각했다.

인간의 의사 판단은 사실 대부분 그렇다. 스스로 뭔가 이루어냈다고 생각하면 그 원인을 자신의 특정 행동에서 찾는다. '아, 내가 이걸 했기 때문에 성공했어.'라고 생각하기 쉽다.

왜냐하면 그렇게 해야 자신의 예상, 가정, 판단으로 자신의 성공이'만들어졌고 이를 인정받을 수 있기 때문이다. 사람은 스스로 왜 이런 결과가 나왔는지 모르겠다고 말하는 것보다 어떤 행동을 했기 때문에 성공했다고 말하는 걸 좋아한다.

그렇다 보니 대부분 결과를 놓고 그 원인을 파악하면 잘못된 원인을 말하는 경우가 많다. 유튜브에 관한 내용도 마찬가지다. 유튜브가 당장에 수익이 없더라도 꾸준히 채널 운영을 시험해 보고 콘텐츠를 올리고 분석해서 결국엔 채널을 크게 키웠기 때문에 사업이 성공했다는 말은 지극히 결과만 놓고 말하는 것이다.

만약 그때 당장 수익이 급해서 돈 버는 일에만 집중을 계속하다가 거기서 운이 좋게 승진하고 좋은 사람, 좋은 기회를 만나서 성공했다면 그때는 이렇게 말할 것이다.

"남들 다 유튜브 하겠다고 할 때, 저는 제 일에 최선을 다했고 끝까지 파고들었어요. 그랬더니 기회가 오더라고요. 흔들릴 수 있지만 본업에 충실하지 못하면 다른 것도 제대로 할 수 없다고 생각해요." 어디서 참 많이 볼 법한 말이다. 결과만 놓고 아 저 사람은 저렇게 해서 성공했다고 바라보면 배울 수 있는 점은 없다. 그래서 그런지 챕터를 점점 뒤로 넘어갈수록 기대만큼의 깊이감을 못 느끼는 듯했다.

누가 말한다.

"나는 3시간만 자도 괜찮고 쌩쌩해. 그러니까 너도 그렇게 해봐."

이런 말을 보고 그대로 따라 하지 말라는 것처럼 책이나 운동도 마찬가지다. 하면 좋은 거지만 무조건이라는 건 없다. 중요한 건 독서를 많이 하는 것이 아니라 독서를 많이, 효율적으로 잘하면 성공할 수 있겠다는 확신과 그 확신을 실제로 끌고 나가는 힘이라고 생각한다.

Chapter 5
역행자의 지식을 읽은 장은비 저자의 생각

자의식, 성공 확률을 높여라

우리 스스로를 발전시키고 추진하는 능력까지 배워보았다. 그러면
이제 우리만의 방식으로 응용하는 방법을 배워야 한다. 앞서서 본인이
선망하는 대상을 롤모델로 삼는 것은 좋지만 단순한 따라쟁이가 되면
안 된다고 했다.

단순한 모방심리가 얼마나 위험한지 알려주고 싶다.

모방심리는 다른 말로 '군중심리'라고 표현하는데 19세기 프랑스 사회
학자인 귀스타브르 봉(Gustave Le Bon)과 가브리엘 타르드(Gabriel
Tarde) 등의 사람들에 의해 처음으로 연구된 현상이다.

만약에 집에서 TV를 시청하던 중 홈쇼핑 방송에서 평소에 필요하던
물건이 아님에도 불구하고 '매진 임박'이라는 단어를 보고 '나중에는
필요해지는 순간이 오겠지?'라는 생각과 군중심리에 이끌려 구매했다거
나 사람들이 한 식당 앞에서 줄에서 있는 모습을 보고 '줄에서 있는
사람들이 많은 걸 보니 맛집인 것 같네.'라는 생각과 함께 똑같이 줄을
서 해당 음식을 먹는 경우라든지 내 의사결정보다는 다수사람의 선택
권을 따라가는 현상이다.

"부자가 되고 싶으면 부자가 된 사람들의 삶을 따라 해라"라는 말을
많이 들어봤을 것이다. 물론 그 방식이 나에게 꼭 맞는 방법이라면 상
관없겠지만 나에게 맞지 않은 방법인데도 불구하고 무리해서 그대로
따라 하게 되면 그 사람과 똑같은 길을 가려고 했다가 길을 잃어버릴
수도 있다.

자신에게 맞는 방법을 찾아야 자의식 설계가 가능하며 실패 확률도 낮
아진다.

또한 이러한 군중심리와 비슷한 '밴드왜건효과'가 있다. 밴드왜건효과는 유행에 따라 상품을 구매하는 소비 현상으로 많은 사람이 해당 제품을 사용하기 때문에 자신에게도 분명히 좋은 효과를 가져다줄 것이라는 심리이다. 혼자서만 동떨어져 있다는 느낌을 받고 싶지 않기 때문에 사람들 사이에서 흔히 발생하는 현상이다. 유행 하나로 대화가 오고 갈 수 있는 소재거리이거나 마케팅적으로 봤을 때도 유행은 민감할 수밖에 없다. "요즘 학생들은 OO 브랜드의 롱패딩을 입는데, 나도 엄마한테 사달라고 해야지", "이번에 새로 나온 OOO 핸드폰이 그렇게 이쁘대!"와 같이 생각 없이 따라 했다가 본인의 독특한 개성을 잃을 위험이 있다.

사람마다 정체성이 모두 다른데 모든 것을 똑같이 하려고만 하면 쉽게 따라만 하는 것이지 어떤 노력을 하겠는가? 정체성을 파악하지 못한 삶을 살아갈 수도 있는 것이다.

만약에 성공한 사람들의 루틴이
1. 새벽 5시에 기상한다.
2. 기상 직후 10분간의 스트레칭을 한다.
3. 출근하기 전 30분의 독서를 한다.
4. 매일 아침 건강 주스를 갈아 마신다.
5. 잠들기 전 시사 뉴스 한 사례를 정리한다.

여러분들에게 질문하고 싶다.

여러분에게 맞는다고 생각하는 항목들이 있는가? 여러분이 충분히 따라 할 수 있다고 생각하는 항목이 있는가? 그건 알 수 없다. 만약에 "예"라고 대답했거나 "아니요."라고 대답을 한 사람이 있으면 책의 처음으로 돌아가서 본인의 정체성을 찾아오는 길을 다시 한번 읽어보길 바란다.

시도해 보지 않았기 때문에 알 수 없다는 것이다. 그럼, 여기서 질문이 나올 것이다. "긍정적으로 생각해서 할 수 있다고 대답했는데 왜 Yes도 안 된다는 거죠?" "예"라고 대답한 사람들에게는 긍정이 무조건적인 답이 아니라고 말해주고 싶다. 긍정적인 면도 보일 수 있지만 그저 자신감만 넘치는 자의식과잉 형태로도 보이기 때문이다.

그리고 "아니요."라고 대답한 사람들은 본인이 하지 못할 것이라는 미래의 두려움을 가지고 하는 말이다. 우리는 지금 어떤 항목도 시행하지 않았다. 시행해보고 할 수 있는 것은 하고 못 하는 것은 과감하게 버릴 줄도 알아야 한다. 이 과정에서는 반드시 거쳐야 하는 과정이다.

우리가 어떤 행동을 할 때는 그 행동에 대한 이유가 분명해야 한다. 단순히 멋져 보여서 따라 한다거나 따라 하니까 언젠간 나도 저렇게 될 수 있겠지? 라는 막연한 생각이나 추측만 하고 살아가서는 안 된다.

내가 타인의 행동을 따라 할 때는 보통 내가 선망하는 대상처럼 잘되고 싶다는 마음으로 가득 찬 상태에서 시작된다. 일상생활에서 나의 선택에 의한 삶을 사는 경우가 얼마나 있는지 한번 보자.

회사 일을 마친 후 직장동료들과 술 한잔하면서 이야기를 나누는 행위를 해본 적이 있는가? 처음에는 스트레스를 풀기 위한 명목으로 시작한 모임이지만 점점 그 의미를 잃고 있지는 않은가? 다른 사람 험담하며 그 모임이 점점 불편해지고 벗어나고 싶지는 않은가?

또한 다른 일과 병행하면서 욕심이 생겨 강좌를 듣고 있지만 다른 일에 치여 도움이 아닌 짐이 되고 있지는 않은가? 단순히 시간만 보내는 것은 아닌가? 하고 생각해 볼 수 있다. 사실 우리는 모두 잠을 자고 아침에 일어나서 눈을 뜨는 순간부터 선택하게 된다. '지금 일어날까?', '5분만 더 자고 일어날까?' 일어난 후 '밥을 먹을까 말까?' 등 매 순간이 선택이다.

아침에 5분만 더 자고 싶은 마음에 더 자다가 지각하는 상황이 벌어진다면 순간 잘못된 선택을 한 것이다. 잘못된 선택을 한 후 다음부터 잘못된 선택을 하지 않기 위해 노력해야 한다. 지각하면 다음에 5분 일찍 나와 지각을 면하는 기회가 있지만 잘못된 선택을 한 후 되돌릴 수 없는 순간들도 있다.

예를 들어, 주식을 매수해야 하는데 매도를 한순간 큰 손해를 봐도 복구될 수가 없다. 그래서 우리는 한 살이라도 어릴 때 다양한 경험을 통해 선택의 실수를 바로잡아야 한다.

여러분들에게 '이러한 삶을 살아야 합니다!'라고 단정 지어 말할 순 없다. 하지만 분명한 건 이 글을 읽고 본인만의 기준점을 세워 그 기준에 따른 목표를 잡고 스스로 이끌어 나가는 자세가 필요하다는 걸 말해주고 싶다.

Chapter 5
역행자의 지식을 읽은 희다 저자의 생각

〈 내가 느낀 핵심 내용 〉

- 도움을 받았다면 보답하자
- 이성적으로 승리할 확률이 높은 경우에 도전하자
- 얕은 여러 개의 지식을 습득하자
- 독서와 실행을 반복하여 자기 능력을 객관적으로 인지하자
- 실행력이 중요하다.

도움을 받았다면 보답하자

이 부분은 나에게 정말 인상적이었다. 누군가에게 도움을 받아 수익을 냈다면 그중 10%는 아까워하지 말고 돌려주고, 누군가에게 밥을 사는 데 돈을 아끼지 말라는 내용으로 요약할 수 있다.

지금까지의 인생을 돌아보면 오히려 순수한 초등학생 때는 기버의 마음으로 주기만 했었다. 중학교 이후로 진짜 주기만 하는 착한 애는 손해 본다고 생각했다. 지금의 나는 기버는 확실히 아니다. 받기만 하는 테이커나 받은 만큼 돌려주는 매처에 가깝다. 먼저 누군가에게 밥을 사는 행위는 거의 없었다. 받았으니 사주어야 한다는 개념만 있었고 사실 안 받고 안 사주는 게 더 편했다. 반성했다. 그래서 2023년부터 전년도 수익 중 몇 퍼센트는 선물이나 식사 대접처럼 고마운 사람들에게 주는데 써보기로 했다. 이렇게 정해놓지 않으면 습관적으로 하지 않을 것 같다.

나는 항상 무언가를 먼저 주기 전에 "호의로 줬는데 부담스럽거나 싫어하면 어떡하지?"에 대해 한참을 고민한다. 하지만 거꾸로 생각하면 대부분은 주면 고마워하지 "싫어요. 반품 해주세요" 하진 않을 것이다. 부담스럽다고 말하는 사람이 있다면 앞으로 안주면 그만이다. 항상 생각해야 하며 주는 자세를 가져야겠다.

승리할 확률이 높은 경우 도전하자

앞에서 나왔던 자의식이나 유전자 오작동 관련 내용에 빠지지 말고 이성적인 판단을 했을 때 인생에 이득이 될 확률이 높은 경우를 생각하라고 이해했다. 좋은 결과를 가져다줄 것이 명확한데 조금의 손실이 두려워 피하지는 말라는 것이다.

앨범을 제작하는 것, 책을 출판하는 것, 유튜브를 시작하는 것, 브런치를 시작하는 것, 홈페이지를 제작하는 것 등 해서 나쁠 일은 거의 없다. 물론 잘 될 가능성은 희박하지만 시도하는 것만으로 도움이 될 것으로 생각한다. 이전까지 하지 못했던 주된 이유는 일단 돈을 벌고 나서 시작하자는 마음도 있었지만 지울 수 없는 흑역사를 생성하는 일이 두려워서도 있다. 사실 아직도 걱정되긴 한다.

내가 만든 것, 그린 것, 생각한 것, 글을 쓴 것 등 내가 만들어 낸 결과물을 보면 항상 없애버리고 싶었고 없애왔다. 초등학교 때 그렸던 만화는 몇 년 뒤에 보고 구석에 숨겨놓고 중학교 때 진심을 담아 쓴 일기는 고등학교 때 갈기갈기 찢어서 버렸다. 그린 그림들도 안 보이는 구석에 숨겨놓고 인터넷상의 기록들도 몇 년 전까지 주기적으로 지워왔다.

10년이 지나서 생각해보면 지웠던 데이터들이 아까워서 지울 수 없는 방식으로 기록하자 생각했다. 흑역사도 10년이 지나면 예전의 내가 이런 생각을 하면서 살았구나, 이런 것들을 했구나, 그랬구나하고 넘길 수 있는 것 같다. 그러니 뭐든 하는 게 더 좋을 것이다. 그냥 하고 싶은 거 다 하고 살자고 생각해서 하고 있다. 이 글은 이제…. 지울 수도 없다.

얕은 여러 개의 지식을 습득하자

하나의 지식을 깊게 파는 것보다 여러 분야의 지식을 융합하여 이용하는 것이 좋다는 내용이 있었다. 자청님이 생각하는 배워두면 좋은 지식을 여러 가지 소개해놓았다.

마케팅과 디자인, 영상편집, 전자책 제작과 판매, 프로그래밍이다. 내가 하고자 하는 일들로 수익을 내고 싶다면 결국 다 필요한 것들이라 생각했다. 이모티콘 제작, 인스타툰, 개인 앨범 발매, 책 출판 등 관심 있는 분야의 강의를 많이 들어보았는데 분명 전부 다른 주제이지만 핵심은 마케팅이었다. 회사 일할 때도 어떤 일을 해도 결국 마케팅이 필요하고,

어떤 기술에 마케팅을 얹으면 수익이 날 수밖에 없을 것이다. 디자인이 매력적이지 못하면 결국 사람을 이끌 수 없으므로 디자인도 매우 중요한 지식이다. 영상도 요즘은 영상의 시대라 간단한 편집 기술을 배워놓으면 좋을 것이다. 지금은 블로그보다 영상이 더 매력적인 플랫폼이라고 생각해서 내년에 같이 시도하려 한다.

프로그래밍은 대학생 때 배웠는데 여러모로 도움이 되는 것 같다. 직접 웹사이트를 제작하는 용도면 더 좋겠지만 사이트 제작까지는 못하더라도 프로그래밍을 그냥 배우는 것만으로 프로그래밍적 사고를 어느 정도 할 수 있게 된다. 어떤 문제를 코드로 어떻게 자동화할 수 있는지가 핵심이고 실제 개발이 필요할 때는 개발자에게 맡기는 게 좋을 것 같다. 전자책 제작은 조금 성격이 다르다고 생각했다.

다른 것들은 기초로 알고 있으면 꽤 다방면에서 도움이 되는 지식인데 전자책은 그냥 수익모델 중 하나라는 생각이 든다. 그래도 배워두면 좋을 것 같다.

독서와 실행을 반복하여
자기 능력을 객관적으로 인지하자

이 책에 등장한 더닝 크루거 효과를 다른 강의에서도 들은 적이 있다. 모르는 분야를 조금 알게 된 사람의 자신감은 하늘로 치솟고 거기서 조금 더 알게 되면 땅으로 꺼진다. 그 이후에는 발전하는 만큼 자신감이 향상된다는 것이다. 재미있는 예시가 생각났다. 예전에 인터넷에서 봤던 학사-석사-박사-교수의 차이를 조금 변형시키면 비슷하다.

신입생 - 나는 아는 게 없어.
학사 - 나는 이 분야에 대해서는 모르는 게 없어.
석사 - 나는 아무것도 모르는구나.
박사 - 나뿐만 아니라 다들 잘 모르는구나.
교수 - 기억나는 것만 가르치자.

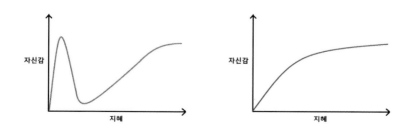

더닝 크루거 효과를 그래프로 나타내면 왼쪽 빨간 선이다. 독서와 실행을 반복하면서 오른쪽의 파란 곡선처럼 완만하게 만들어야 자신의 지식을 객관적으로 인지하는 것이 아닐까? 반복적으로 실행하고 경험하면서 조금 배웠을 때 겸손한 자세를 가지며 배울수록 자신감이 성장하는 방향으로 발전하게 된다.

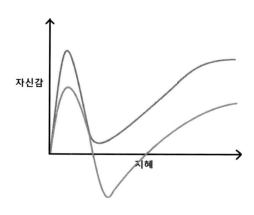

더닝 크루거 효과는 아동 시절부터 세상을 경험하면서 겪는 현상이라고 들었다. 무언가 배울 때 이런 효과가 나타난다면 나의 그래프는 체감상 아래의 초록색 그래프로 추정된다. 어떤 것을 조금 배울수록 자신감을 얻긴 하지만 자신감이 부족한 편이라 덜 차고 조금 더 배우면 좌절의 늪에 빠진다. 시작하기 전보다 자신감이 더 떨어지고 거기서부터 배울수록 천천히 상승하는 것 같다. 각자의 자신감 곡선에 대해 생각해봐도 재미있을 것으로 생각했다.

실행력이 중요하다.

생각보다 실행하는 사람들이 많지 않다고 한다. 생각하고 실행하는 게 쉬운 일은 아닌 것 같다. 그래도 실행하려고 노력하는 중이다. 지금까지 살아온 경험을 통해 나는 게으르다는 것을 알았다. 이것도 하고 저것도 해야지, 생각만 많이 하고 실행하지 못한 일들이 너무나 많았다. 그래서 언젠가부터 생각한 것을 실행할 강제성을 부여했다. 지금처럼 출판모임에 참여한다든지, 새로운 모임을 만든다든지. 운동하기 위해 PT를 계속해서 등록한다든지 말이다.

혼자서 실행하는 사람은 너무 대단한 사람이다. 나 같은 게으른 사람은 절대 혼자 할 수 없으니 실행하기 위한 모임에 참여하는 게 최적의 실행법인 것 같다. 나에게는 큰돈을 쓰거나 사람을 모으는 일이 실행하는 방법들이다.

Chapter 5
역행자의 지식을 읽은 안도혁 저자의 생각

인생에 통제 가능한 AB테스트는 없다.

인간은 동물이다. 이성적인 판단을 하는 뇌가 있지만 원시적인 유전자, 즉 감정의 뇌가 순간의 감정에 의한 행동들을 부추긴다. 책에서는 그러한 감정의 뇌보다는 결국에 이성의 뇌가 우선시 되어야 인생이라는 확률 게임에서 승리할 수 있다고 말한다.

확률 게임이라는 건 어느 정도 인정하는 논리이지만 이게 성공 공식으로 포장할 수 있는가에 대해서는 여전히 의문이 든다. 세상엔 너무나 다양한 변수가 존재하고 우연이라는 게 발생하는데 확률 게임을 인간이 통제할 수 있을까? 그 자체가 말이 안 되는 게 아닐까 하는 생각을 하는 것이다.

확률 게임이 성사되려면 외부의 다른 변수가 없이 두 가지 선택지 중에 하나의 선택이 성공할 확률이 높아야 한다. 그리고 그 높은 확률이 계속 반복되기에 결국엔 그 선택지가 성공한다는 논리이다.

하지만 막상 인생에서 그렇게 외부 변수 없이 확률 게임을 선택할 수 있는 경우는 많이 없다. 있다고 하더라도 인생을 좌지우지할 만한 선택보다는 큰 영향을 주지 않는 선택 정도에 불과하다. 인생을 좌지우지할 만한 선택들은 그러한 확률 외에도 다양한 외부 변수들이 존재하기 때문이다.

지금 당장 생각나는 것 중에 인생이 걸린 확률 게임을 꼽자면 넷플릭스 오징어 게임에 나오는 징검다리 건너기 게임이 있겠다. 순간의 선택에 따라 목숨을 잃거나 아니면 다음 스텝으로 넘어가게 될 수도 있다. 하지만 이렇게 50% 확률처럼 보이는 게임에도 변수는 존재했다. 유리공 직업을 가진 인물의 그동안 살아온 경험이 50%의 확률에 균열을 낸 것이다.

우리의 인생 역시 마찬가지다. 우리는 살아가면서 더 나은 확률을 만들어낸다. 그동안 살아온 경험은 현재와 미래에 있을 선택의 확률 게임에 영향을 미친다. 우린 과거의 선택이 만들어 낸 확률로 현재와 미래의 선택에 투자한다.

따라서 그 순간의 확률만 보고 인생을 확률 게임처럼 살아가기는 힘들다. 책에서 말하는 것처럼 포커 두듯 인생의 다양한 사항들을 선택하는 것은 확률 게임이 아니라, 말 그대로 도박에 가깝다는 말이다.

그래서 선택할 때는 확률도 중요하지만 그걸 믿는 믿음이 큰 요소를 차지한다. 내 승률을 믿는 힘, 그리고 내 승률을 믿고 선택으로 나아가는 힘이 정말 중요하다. 책에서 말하는 부분도 이걸 말하고자 했던 것 같다. 승률을 믿는다면 손실을 피하는 편향을 이겨내고 배팅하라는 말이 이와 같은 게 아닐까?

하지만 내 승률을 믿고 꾸준히 선택했음에도 불구하고 계속된 손실만 있다면 어떻게 해야 할까? 이 부분에서는 확률상 어쩔 수 없었던 거라고 합리화할 수 없다. 내 승률에 대한 믿음이 잘못된 거였거나 승률이 높음에도 실패한 다른 요인들이 있을 것이다. 그렇기에 그 원인을 빠르게 찾아내는 판단력이 더욱 중요해진다.

이것만 봐도 인간은 이성적으로만 결정할 수 없다. 그리고 그렇게 결정해야만 승리하는 것도 아니다. 믿음은 이성을 떠나 감정이며, 감정을 넘어 세뇌에 가깝다. 그러므로 모든 행동들을 지나치게 이성적으로, 기계적으로, 논리적으로만 판단하려고 하지 않았으면 한다. 이건 이 책을 여러 번 반복해서 읽은 나한테도 해주고 싶은 말이다.

최적화된 뇌가 있다면 확률 게임에 사용하기보다는 승률이 연연해하지 않는 믿음과 내 선택에 대한 자신감, 확신을 키워나가는 것에 투자하자. 그리고 그 확신이 흔들릴 때 방향을 부드럽게 변경하는 방법과 노선을 재정비하는 연습을 하는 것이 좋겠다.

기존에 쌓아온 경험과 그 경험으로 인해 달라질 확률. 그리고 그 확률이 흔들릴 때 잡아줄 수 있는 확신이 갖춰진다면 책에서 말한 타이탄의 도구를 모으는 것처럼 큰 발전을 이뤄낼 수 있을 것이다.

책에서는 타이탄의 도구 예시로 온라인 마케팅 관련 지식을 들었다. 하지만 이보다 더 중요한 도구들은 앞으로 나아가면서 드는 자연스러운 감정들을 컨트롤할 수 있는 경험들이 아닐까 싶다. 나 역시 마찬가지다. 타이탄의 도구들로 여러 지식을 모으는 것도 중요하지만 그 지식을 활용해 앞으로 나아가면서 겪을 다양한 감정들을 잘 컨트롤하는 법도 필요하다. 결론은 독서를 많이 하고 정보를 획득한 다음 그 정보들을 실천해 보는 것이 아니다. 독서는 중요하지만 그게 답일 수는 없는 것이다.

내가 이 챕터를 읽고 내린 결론은 승률보다는 승률을 믿는 믿음을 키우자는 것이고 사실 이 챕터 앞쪽에 나오는 내용과 유사하다. 전쟁의 승리를 확신할 수는 없지만, 자격은 있다는 말이 기억에 남는다. 내가 이처럼 승리할 자격이 있다는 사실을 믿고 나아가기. 그렇게 나아가는 와중에 많은 판단들을 성공적으로 하기 위한 지식을 조화롭게 쌓아가 보자.

Chapter 6
경제적 자유를 읽은 장은비 저자의 생각

자의식, 베팅하라.

인간은 수많은 멸종과 생존을 거쳐 형성된 인류이다. 또한 인간은 춥고 건조한 환경, 자원이 부족한 생태계 환경에서 유리한 변이를 가진 개체가 기후변화를 이겨내고 자연 선택된 강한 인류이기도 하다.

생태계가 여러 종류의 인류 형태로 변화하면서 인간은 어느덧 4족 보행에서 2족 보행하기 시작하였고 뇌도 발달하기 시작하였다. 또한 도구와 불을 사용하면서 지능이 발달하기 시작하였고 단순한 회로 처리 능력도 복잡한 처리능력을 다루는 뇌로 진화할 수 있게 되었다. 이러한 지능 능력은 점차 활발한 의사소통과 협업 활동을 가능하게 하였다.

1. 인간은 힘든 과정을 거친 만큼 학습 능력이 뛰어난 동물이다.
2. 인간은 구체적인 개념을 넘어 추상적인 개념을 가진 상징어 사용도 가능하다.
3. 인간은 현재 시점의 교육뿐만이 아니라 과거의 기억을 회상하거나 상상하고 미래를 예측할 수 있는 뇌를 가졌다.
4. 인간이 축적한 지식과 기술은 다음 세대에 전달될 수 있을 만큼 가치가 있다.

우리 인간은 이렇게 지성인으로서의 면모를 가지고 있다. 그러면 본인에 대해 얼마나 객관적으로 잘 알고 있을까? 대답할 수 있겠는가? 당신의 능력을 어디까지 측정해봤는지 굉장히 궁금하다. 내가 가지고 있는 능력을 파악했다면 시험해 볼 때이다.

앞에서 다양한 활동을 통해 본인의 것을 찾으라고 말했었다. 본인이 혼자서만 활동을 지속한다면 확인받을 길이 없다. 먼저, 어딘가에 공개적으로 알리는 것이 부담스럽고 어렵다면 아는 지인에게 피드백을 요청하는 것도 방법이다.

지인이기 때문에 본인에 대해 잘 알 것이고 그만큼 따끔한 충고도 해줄 것이다. 나는 보통 부모님이나 친한 친구에게 의견을 물어봐서 반영하곤 한다.

두 번째는 본인의 생각과 의견을 나눌 수 있는 토론모임이나 독서 모임을 추천한다. 책으로 지식 쌓는 것도 가능하지만 책을 읽고 자기 생각과 느낌을 이야기하는 동시에 다른 사람의 의견을 들음으로써 내가 생각하지도 못했던 아이디어가 떠오를 수도 있는 것이다.

이렇게 모임을 하다 보면 저절로 인맥도 쌓이고 인생에서 정말 큰 도움을 받을 수도 있기 때문이다. 나도 과거 혼자 하는 활동을 좋아했지만 이런 모임을 통해 내가 몰랐던 지식을 많이 알아가고 있다.

세 번째는 본인이 관심 있는 분야에 대해서는 무식한 자료조사가 필요하다. 우리나라에서 유명한 음식 프랜차이즈 사업가인 한 남성은 사업을 성공시키기 위해 다른 식당의 영업이 끝나면 쓰레기봉투를 해체하고 어떤 재료를 썼는지 파악했다고 한다.

이렇게 집착하는 행동도 필요하다. 성공하고 싶은데 본인만의 끈기와 집착이 없으면 정보가 부족해 실패할 확률이 높아질 수밖에 없다. 장기적으로 멀리 보고 움직이는 자세가 필요하다.

마지막으로 현명한 판단 후 베팅했으면 좋겠다. 다른 사람이 해서 좋아 보인다고 무작정 따라 하거나 주식투자에서 해당 종목이 좋다고 해서 분석도 안 하고 덤비는 행동은 나중에 어떤 결과를 가져오게 될까? 본인이 한 선택이기 때문에 다른 사람을 탓할 수도 없다. 그래서 판단할 때 감정적인 판단이 아닌 이성적인 판단을 해야 하는 이유이다.

A 학생과 B 학생은 고등학생이다. A 학생은 전교권에서 맴도는 상위권 학생이지만 B 학생은 공부해도 성적이 좀처럼 오르지 않는 중하위권의 학생이다. 그래서 비교분석을 한 결과, 집중력의 차이가 있었다. A 학생은 높은 집중력으로 하루에 3시간만 공부해도 상위권을 유지했지만, B 학생은 집중력 부족으로 5시간 공부해도 성적이 오르지 않았다.

그리고 A 학생은 공부 시간 이외에는 자기만의 취미생활을 통해 블로그를 개설하여 다양한 영역으로 발을 넓히고 있었다. 반면에 B 학생은 공부 시간에 집중하지 못하고 중간중간 핸드폰을 확인하는 모습을 보였다.

이 둘의 이야기는 내 친구들의 이야기이다. 어떤 생각이 드는가? 집중력이 무너진다는 것은 온전히 나에게 집중하지 못하고 외부 요소에 무너지는 것을 의미한다. 방금 예시로 들었던 B 학생의 경우 핸드폰이라는 외부 요소를 떨쳐내지 못하고 현혹된 것이다.

다른 사례를 한번 보자. 만약 당신이 사업 아이템에 확신하고 사업을 시작해 보려고 하는데 다른 사람들이 옆에서 "넌, 안돼.", "네가 그 아이템으로 성공할 것으로 생각하니?"라는 말들을 들었다고 해보자. 이 말들을 뿌리치고 과감히 내 것을 할 수 있겠는가? 이러한 말들에 현혹되면 안 된다.

인간은 자신을 객관적으로 바라볼 수 있는 능력이 정말 중요하다. 왜냐면 이러한 외부 요소들에 쉽게 현혹될 가능성이 있기 때문이다. '나는 선천적으로 귀가 얇아서 이런 능력을 키우기 어려울 것 같아…'라는 무기력한 말은 하지 않았으면 좋겠다. 그저 핑계일 뿐이다. 노력하면서 부족한 능력은 키워나가야 한다. 특히, 이러한 능력은 성공하기 위해 꼭 필요한 요소이다.

나도 과거에는 다른 사람의 말만 듣고 포기했던 순간들이 몇 번 있었다. 하지만 지금은 그 순간들을 약간은 후회하고 있다. 어차피 지금 후회해 봤자 이미 지나간 시간…. 다 부질없다. 지금부터 다시 시작하면 된다.

본인이 어떤 행동을 하기 전 주변에 알리는 사람들도 있다. 이 사람들은 어떤 행동에 책임을 지기 위해 이렇게 알리곤 한다. 그러면 실제로 그 실행력은 높아졌다. 이것도 굉장히 좋은 방법이다. 행동에 대해 책임을 지고 움직인다는 것은 반드시 이뤄내고 말겠다는 강한 의지가 담겨있다. 주변 따위는 신경 쓰지 않고 내 갈 길만 가는 사람들은 성공할 확률이 굉장히 높아진다.

인생에 베팅을 잘해야 한다고 말했는데, 위와 같은 베팅을 의미하는 것이다. 어떤 사람은 심심풀이로 하는 걸 수도 있겠지만 어떤 사람은 목숨을 걸고 하는 베팅이다. 순간마다 순간이 중요하다는 사실을 인지하고 삶을 살아가는 여러분들이 되었으면 좋겠다.

다시 돌아와서, 인간은 굉장히 영리한 동물이다. 인간만큼 수많은 감정을 느끼고 표현할 수 있는 생물체는 없다. 우리는 감정이라는 굴레안에서 타인에게 공감하고 소통하는 방법을 배우며 살아간다. 어떻게 보면 많은 특권을 가진 생물체이다. 이러한 특권을 헛되이 사용하는 일이 없도록 하자.

Chapter 6
경제적 자유를 읽은 희다 저자의 생각

〈 내가 느낀 핵심 내용 〉

- 돈 버는 원리는 편안함과 행복이다.
- 노동자가 아닌 관리하는 관리자가 되자.
- 사업과 투자를 하자
- 독서와 글쓰기, 유튜브 시청 등으로 사업에 대해 정보습득을 하자.

돈을 버는 원리가 편안함과 행복이라는 얘기는 대학생 때 강의에서도 들었던 것 같다. 사람들의 불편함을 찾아 편안함을 주고 행복을 가져다주는 일이 수익이 되는 일이다. 자청님의 사례를 여러 가지 들면서 설명해서 재밌었다.

노동자가 되지 말고 노동자를 관리하는 사람이 되면 나는 일을 하지 않아도 노동자가 자연스럽게 돈을 벌어 올 것이다. 이런 경제적 자유를 얻기 위해서 사업과 투자를 하는 것이 가장 대표적인 방법이라고 소개하고 있다. 이 챕터에서는 실질적인 사업과 투자로 가기 위해서 현재 대기업, 중소기업, 무스펙, 전문직, 무자본사업자, 유자본사업자들의 각각 추천 루트를 사례를 예시로 들어 설명한다.

나는 사업이나 투자에 관한 공부는 하지 않았다. 투자는 아직 투자할 만한 돈이 없고 사업도 이제 막 취직한 신입사원으로서 급하게 실행하고 싶지 않다. 최근에 사업 아이템이 하나 떠오르긴 했는데 내년에 나에게 한번 실험해보고 괜찮으면 해보려고 한다. 주식이나 부동산 투자에는 관심이 없지만 내가 재미있게 생각하는 여러 가지 취미들을 잘하게 하는 것도 어떻게 보면 투자라고 생각한다. 지금은 돈을 내면서 취미생활을 하고 있지만 내가 낸 결과물들이 노동자가 되어 돈을 벌어올 수 있다면 좋은 투자가 아닐까? 계속하다 보면 언젠가는 좋은 결과물들이 나오지 않을까 싶다. 취미가 돈을 벌어들이기까지 시간이 오래 걸릴 수도, 안될 수도 있지만 지금은 그냥 이렇게 살고 2, 3년 뒤에 돈이 조금 모이면 투자에도 관심이 생길 것 같다.

Chapter 6
경제적 자유를 읽은 안도혁 저자의 생각

레벨 차이를 좁히는 지름길, 추월차선

경제적 자유라는 단어에 이끌려 처음부터 흥미롭게 읽은 챕터이다. 경제적 자유를 얻는 공식에 대해 다룬 챕터인데 사람들이 참 좋아하는 말인 것 같다. 그래서 어떻게 하면 돈을 많이 벌 수 있다는 건지 구체적인 답을 원하는 사람들이 많기 때문이다.

돈을 버는 구조가 2가지라는 건 살짝 다른 부분도 존재한다고 생각한다. 하지만 마케터인 나로서 사업을 구상할 때는 저렇게 2가지로 나눠 보는 것도 좋은 듯하다.

사람들을 편하게 해준다는 것은 기능적으로 유의미한 사업을 한다는 것이고 행복하게 해준다는 건 감정적으로 많은 가치를 전달한다는 것이다. 둘 중 하나만이라도 임팩트를 낼 수 있다면 그게 바로 돈을 버는 핵심이지 않을까 싶다.

정확하게는 돈을 버는 핵심보다는 사업의 핵심에 좀 더 가까운 것 같다. 모든 사람이 이와 유사한 느낌의 사업으로 돈을 버는 건 아니기에 다를 수 있다. 하지만 이 책에서는 사업에 관한 내용의 비중이 크고 저자도 사업가이기에 그런 내용을 주로 다루는 듯하다.

한마디로 다른 사람들의 문제를 해결해 주는 것이 사업의 근본이라는 말인데 과연 나는 어떤 사업을 할 수 있을까에 대한 생각을 하게 된다. 상대방을 편하거나 행복하게 해줄 수 있는 일 중에 내가 할 수 있는 일이 무엇이 있을까?

이런 궁금증에 대한 답을 내리려면 구체적으로 아이디어를 적어 내려가 보는 게 좋을 것 같다. 책에서도 아이디어가 나와 있는 것처럼 사람들의 불편함과 이를 어떻게 해결해 줄지 그 과정을 구체적으로 적어보는 것이 좋을 것 같다.

저자가 돈을 번 방법은 사실 크게 와닿지 않았다. 10년이라는 기간을 상담에 투자한 것, 이 분야에 특화된 노하우 등은 사실 쉽게 만들 수 있는 것이 아니다. 그런 사례를 예시로 들면서 돈을 벌었다고 하면 오히려 더 어렵게만 느껴지고 막막해 보인다.

세 번째 예시인 이 책을 써서 공유했다는 내용도 이 책을 쓰기 위해 얼마나 많은 경험과 시간이 필요했는지를 생각하면 돈을 버는 방법으로 참고할 수 있을 것 같진 않다.

사실 저자도 인정하는 부분이다. 돈은 벌기 어렵지만 한번 번 돈을 좀 더 불리는 건 이보다 쉽다고 한다. 사례로 나온 돈을 번 방법은 이미 돈을 번 상황과 구조에서 더 큰돈을 버는 사업 아이템 기획법 정도가 맞는 것 같다.

경제적 자유를 위한 공부법은 큰 도움이 될 것 같은 내용이었다. 특히 책 20권 일기는 꽤 와닿은 부분이었다. 내가 어떤 일을 하겠다고 생각했으면 그 부분에 관한 공부는 필수이다.

바로 실전 경험을 쌓아볼 수도 있지만 책을 20권, 내 돈으로 쌓아놓고 읽으면 많은 일들이 일어날 수 있다. 빠르게 많은 사람의 지식을 내 것으로 만들 수 있고 그렇게 되면 실패 확률이 크게 떨어지는 것이다.

또 하나 공감되었던 부분은 나보다 잘난 사람들을 보며 비판 의식을 가지지 말라는 것이다. 나 역시 인스타그램에서 잘나가는 인플루언서들을 보면 '운이 좋네, 사기꾼이네.'와 같은 생각을 할 때가 많았다.

마케팅 강의나 글을 쓴 사람들을 보면 어디서 글 퍼와서 재가공 한 거지 잘 알지도 못한다고 생각할 때도 있었다. 그런데도 큰 영향력을 발휘하는 사람들을 보면서 알게 모르게 시샘을 했던 것 같다.

책에서 말한 내용이 맞다. 지금 그러한 사람들은 나보다 레벨이 높은 것이다. 내 수준보다 높다면 뭐라도 배울 게 있고 그 배울 걸 찾아 습득하는 데 시간을 쓰자. 핑계를 대고 배움을 거부할 시간에 뭐라도 얻는 시간을 늘려가는 게 좋다.

글쓰기를 통한 초사고 세팅이라는 부분을 봤을 때는 이 책을 집필하는 모습을 떠올렸다. 책의 내용을 곱씹으며 내 생각을 담아내는 것, 그리고 그 글을 계속 수정해가면서 완전히 내 생각으로 만들어가는 경험이 바로 이 부분에서 강조하는 내용이 아닐까 싶다.

온라인 강의도 좋지만 오프라인 강의도 찾아다니라는 내용을 읽었을 때는 조금 신선한 충격을 받았다. 왜냐하면 내 경험이 이런 표현으로 설명할 수 있겠다는 생각이 들었기 때문이다.

나는 마케팅 일을 시작하기 전 대학생 때부터 오프라인 마케팅 강의를 쫓아다녔다. 한 달에 한 번씩 오프라인에서 마케팅협회 강의를 들으러 다녔고 그곳에 가면서 나는 마케팅 일을 할 거라는 확신을 했다. 그렇게 저절로 마케팅에 관한 관심과 평가가 높아졌고 이 분야에서 실력 있는 사람들을 따르기 시작했던 것 같다.

그 이후 빠른 시기에 마케팅팀장을 달았다. 여러 분야의 마케팅 일을 하게 되었고 오프라인 강의는 아직도 꾸준히 다니고 있다. 마케팅 관련 배움의 목적도 있지만 그 강의나 모임에 나갔을 때 얻을 수 있는 네트워킹의 가치와 새로운 자극들이 엄청나게 크게 다가오기 때문이다.

추가로 이 챕터에서 배운 부분은 의도적으로 강조한 부분은 아니었으나 주말 2시간 유튜브 촬영에 관한 부분이었다. 저자는 주말에 2시간 정도 하기 싫은 일을 한다고 하는데 그 시간을 최대한 빠르고 효과적으로 쓰고 있다는 느낌을 받았다. 하기 싫은 일을 결과물을 내기 위해 내가 모든 걸 하기보다는 외주를 적극적으로 활용해서 빠르게 결과물과 그 성과를 보는 경험을 하는 것이다.

시간이 금이라는 말을 적극적으로 받아들여 내 시간이 아까운 경우에는 적극적으로 다른 사람들의 지식이나 경험을 활용하는 것이 정말 효과적으로 시간을 관리하고 있다는 느낌을 받았던 것 같다.

저자가 말하는 경제적 자유를 얻은 사람들의 루트 중에 나는 중소기업 재직에 속한다. 단순 반복 업무보다는 다양한 일을 하며 경험치가 높아져 있고 이를 잘 활용하면 충분히 사업에 도전할 수 있다. 적극성과 능동성이 있다면 경제적 자유에 이르는 추월차선에 나도 오를 수 있을 거로 생각한다.

Chapter 7
역행자의 챗바퀴를 읽은 장은비 저자의 생각

게으름, 딜레마 벗어나기

지금부터는 본인의 삶을 쾌적하고 아름답게 만드는 방법에 대해 알아
보고자 한다. 내 삶이 어떻게 하면 지금보다 조금 더 나아지고 발전될
수 있을까? 하고 생각을 해본 적이 있는가? 나는 수없이 많이 해봤다.

정말 신기하게 사람이라는 동물은 상상력도 풍부한 존재인데 '게으름'이라는 요소 때문에 본인을 발전시킬 수 있는 기회를 놓치는 어리석은 존재이기도 하다. 게으름은 사람을 나태하게 만들고 거만하게 하는 아주 위험한 단어이다.

먼저, 지금 해야 할 일을 지금 시행하는 것이다. 일을 미룬다는 것 자체는 물론 예기치 못한 상황이 발생해서 그럴 수도 있다. 하지만 그게 아니라면 당신은 지금까지 게으른 사람으로 살아온 것이다. 나도 대학교를 졸업하고 '나름대로 전문 직종이니까 괜찮겠지?'라는 마인드로 삶에 발판을 내디뎠다.

하지만 현실은 엄청나게 가혹했다. 학교에서 배운 지식으로는 실제 현장에서 적용하는 데 한계가 있었고 끊임없이 연구하고 사람 유형을 분석해야 살아남을 수 있었다. 언젠가 한 번 부모님께서 이런 말씀을 하신 적이 있다. "사회생활은 전쟁이야, 전쟁!", 이런 말들은 본인이 직접 겪어보지 않고서는 절대로 다른 사람에 말해 줄 수 없는 충고이다. 처음엔 이 말뜻을 이해하지 못했지만, 점점 시간이 늘어갈수록 무엇인지 알게 되었다.

내가 직접 전쟁을 겪어보진 않았지만, 전쟁터에서는 순간 방심하게 되면 날아오는 총에 맞아 죽게 된다. 게으름이라는 딜레마에 빠져 스스로를 나태하게 만들지 말고 빠져나올 방법이 필요하다. 어떠한 방법들이 있을까?

하루마다 일기 쓰는 것을 권장한다. 직접 글로 작성하든지, 키보드로 작성하든지 방법은 여러분이 선택하면 된다. 먼저 일기를 쓰려는 습관을 들여야 하므로 일기장을 준비해 한줄이든...두줄이든…. 일단 써보길 바란다.

일기를 작성함으로 인해 여러분이 얻을 수 있는 것은 내가 어떤 삶을 살고 있는지 알 수 있다는 점이다. 본인의 하루하루를 기록하며 나중에는 앨범을 추억하는 것처럼 여러분의 인생 경험을 스스로 남겨놨으면 좋겠다.

공부를 잘하는 사람들은 엉덩이를 의자에서 떼지 않는다. 심지어 엉덩이에 진물이 나도록 앉아있는 사람도 봤다. 정말 독한 사람들은 여러분이 나태해졌을 때 여러분들을 뛰어넘기 위해 준비하고 있다.

두 번째는 인맥 관리했으면 좋겠다. 세상을 살아가면 진짜 많은 사람을 만난다. 그래서 사람들을 대하는 방법에 대해 굉장히 힘들어할 수밖에 없다. 그런데 여러분이 이 많은 사람을 무조건 다 이해할 필요는 없다. 나와 맞는 사람들을 스스로 찾아 나가면 된다.

친했지만 어떤 사건으로 인해 사이가 틀어질 수도 있고 반대로 친하진 않았지만 어떤 계기로 친해지기도 한다. 사람 간의 관계를 단순히 과학적으로 개선하려고 하면 안 된다. 과학적으로 해석할 수 있는 분야가 아니기 때문에 애초에 접근하는 방식을 바꿔야 한다.

예를 들어, 직장생활하는 A씨는 상사의 눈치를 보며 그날의 기분을 맞춰줘야 하므로 굉장히 힘들어한다. 남자친구와 사소한 말다툼으로 헤어짐과 만남을 반복한다는 B양, 정말 친했던 친구가 있었지만 심한 말에 상처받아 인연을 끊은 C양 등 평생을 살아가면서 가장 어려운 게 사람 간의 관계이다. 대상과 장소에 따라서도 달리해야 하는 게 사람 간의 관계이다. 그만큼 신경을 쓸 게 많다는 것이다. 이렇게 신경을 쓸 게 많은 데 억지로 관계를 이어 나가려고 한다면 여러분의 머릿속은 카오스 그 자체일 것이다.

나도 많은 사람을 만나면서 상처받은 경험이 있다. 그럴 때마다 무너진다는 생각보다 내가 더 강해져야겠다는 생각이 들었고 이런 사람과는 내가 더 이상 관계를 이을 필요가 없겠다는 생각이 들어 인연을 끊은 적도 있었다.

그리고 부정적인 생각을 많이 하는 사람은 가까이하지 않았으면 좋겠다. 어떤 행동을 하고 어떤 말을 할 때마다 불만이 가득한 소리만 한다면 옆에 있는 사람도 사실 지친다. 그 사람의 이야기를 몇 번은 들어줄 수 있겠지만 나중에는 감기 바이러스처럼 힘 빠진 에너지가 퍼지기 마련이다. 쉽게 말하면 분위기를 흩트리는 사람들…. 나는 이런 사람들을 가까이하지 않으려고 노력하고 있다.

세 번째는 노력해야 한다. 내가 이 세상에서 천재로 태어날 확률은 과연 얼마나 될까? 내가 천재로 태어났느냐면 얼마나 좋았을까… 라는 생각을 많이 했었다. 하지만 이미 태어난 몸, 내가 스스로 가꿔나가야 한다. 나는 실제로 천재인 친구를 본 적이 있다. 진짜 말로던 듣던 학교에서만 공부하고 나머지 시간은 게임만 하고 본인이 좋아하는 만화책만 보는 그런 친구가 있었다. 너무 부러웠다.

하지만 나중에는 생각의 전환을 하게 되었다. '나는 노력을 통해 성취감이라는 것을 얻을 수 있어!' 라는 자기성찰을 했다. 그래서 다른 사람보다 꾸준히 노력해야 결과가 나오는 나의 성향을 파악한 후 한 가지 일할 때도 꾸준히 노력하는 그런 사람이 되었다. 나는 나를 파악하는 데 성공했다. 이제는 이러한 노력을 어떻게 하면 효과적으로 발휘할 수 있을까? 하고 고민하는 사람이 되었다.

하지만 노력하는 방법이 잘못된다면 본인의 원하던 결과는 나오지 않을 수도 있다. 그러므로 시행착오를 거치면서 중간에 포기하지 말고 노력하는 방식을 스스로 찾아야 한다고 말해주고 싶다.

여러분들이 추구하는 목적이나 비전, 철학이 다 다르므로 무조건적인 방법을 내세워 줄 수는 없지만, 나의 기준점을 가지고 여러분들만의 기준점을 설계해서 움직였으면 한다. 본인 외모에만 이쁘고 멋지게 치장하지 말고 본인의 인생도 이쁘고 멋지게 치장하는 삶을 살았으면 좋겠다.

Chapter 7
역행자의 쳇바퀴를 읽은 희다 저자의 생각

〈 내가 느낀 핵심 내용 〉

1~6단계를 계속 반복하며 성장하면 자연스럽게 역행자가 되어있을 것
이다.

책에서는 역행자 단계로 설명하고 있지만 나는 순차적인 단계가 아니라 "도전과 실패와 학습을 반복하다 보면 돈을 많이 벌 수 있다"가 결국 핵심 내용인 것 같다. 역행자 프로세스의 단계들을 하나의 사례에 빗대어 정확하게 설명하기는 어려웠다. 순환할 수 있는 구조가 아닌 것 같다. [1단계 -〉 2단계 -〉 3단계 -〉 4단계 -〉 5단계 -〉 6단계]의 순차적인 단계가 아니라, 각 단계에서 설명한 마음가짐과 습관을 지니고 지식을 공부하면서 [실행-실패-학습-실행-실패-학습]의 과정을 반복하는 것으로 정리가 되었다.

내가 잘못 이해했나 싶기도 하지만 이 단계에서 설명해놓은 예시들도 1~6단계가 아닌 실패와 성취의 반복이다. 아니더라도 지금의 나는 이렇게 이해했다. 나는 돈을 많이 벌지도 못했고 자랑할 만한 결과물도 없지만, 도전적으로 살아가고 있어서 이 챕터에서는 최근에 한 도전을 풀어서 써보려 한다.

노래를 좋아해서 나만의 노래를 만들어보고 싶었다. 나 혼자서 앨범 발매 전체 프로세스를 해보려면 엄청난 시간이 걸릴 것 같아 빨리해볼 수 있는 프로토타입으로 도전해보기로 했다. 목표는 앨범을 하나 내보는 것이었다. 한번 프로세스를 타보면 다음엔 좀 더 쉽게 해볼 수 있지 않을까? 하는 생각이었다. 일반인 앨범 발매를 진행해주는 회사에 요청했고 작업을 나누어 진행했다. 작사와 앨범커버디자인, 보컬을 맡았다. 작사를 한 번도 해본 적 없어서 강의를 들어보면서 했다. 앨범커버도 처음 만들어보면서 감을 익혔다. 녹음도 처음 해봤다.

작업하고 앨범을 발매했는데 과정은 재밌었지만, 결과물은 왠지 반성하게 되었다. 돌이켜보면 이렇게 했으면 더 좋았을 텐데 하는 부분이 작사나 앨범커버, 보컬녹음에 각각 다 있었고 다음엔 더 마음에 드는 노래를 내보고 싶다는 새로운 목표가 생겼다. 이렇게 반복하다 보면 점점 발전해서 언젠가는 좋은 노래를 만들 수 있지 않을까?

이 글을 작성하고 있는 것도 하나의 도전이다. 언젠가 내 책을 만들고 싶은 소망이 있다.

가만히 있으면 언젠가가 언제가 될지 모르니 출판 프로세스를 겪어 볼 수 있는 모임을 관심 있게 보았다. 독서 후 글쓰기와 공동 출판이라는 니즈가 맞아떨어져서 모임에 참여해서 이 글을 쓰고 있다. 이렇게 긴 글도 리포트 작성 과제 이외에는 처음 써본다. 이것도 한번 해보면 다음에 좀 더 쉽게 접근해 볼 수 있을 것이다. 어떻게든 글을 써야 하니 글쓰기 강의도 들어보았다. 하지만 이 책도 출판되면 내 글이 모두 마음에 들지 않을 것이다. 지금까지의 경험을 통해 당분간 없애버리고 싶을 것이라 확신한다. 하지만 글을 쓰면서 글쓰기의 재미를 알게 되었고 앞으로 브런치 작가에도 도전해보고 글에 익숙해지면 내 책도 내보고 싶다. 글쓰기도 반복하다 보면 더 잘해지고 언젠가는 좋은 책을 낼 수 있지 않을까?

Chapter 7

역행자의 쳇바퀴를 읽은 안도혁 저자의 생각

쳇바퀴 탈출은 빠른 실패 경험 순

마지막 챕터를 읽고 나서 앞장의 모든 내용이 어느 정도 정리된다는 느낌이 들었다. 이전까지 들었던 생각은 이러한 것들이 모두 공식화될 수 없고 이렇게 한다고 해도 분명히 예외의 경우가 존재한다는 생각이었다.

하지만 7번째 챕터에서 역행자의 쳇바퀴를 보고 나서는 이렇게 하면 목표 달성에 실패하지는 않겠다는 생각이 들었다. 물론 과정에서는 지속적인 실패가 있을 수밖에 없다. 그러나 그 실패는 무조건 필요한 과정이며 우리는 그 실패를 통해 앞으로 나아갈 수 있다.

여기서 중요한 건 실패를 받아들이는 태도가 될 것이다. 실패를 반복하면 자유를 얻는 데 더 가까워질 수 있다고 한다. 역행자의 모델을 적용하면 실패하더라도 그 실패를 활용해 목표에 더 가깝게 다가간다는 말이다.

마지막 말이 정말 인상 깊었다. 실패가 다가왔다는 건 곧 그걸 극복하고 더 높이 올라갈 수 있다는 것이다. 이것저것 따질 필요 없이 지금 나는 몇 단계에 있는지 똑바로 바라보면 된다. 내가 이전에 역행자의 7단계 모델 중 어떤 특정 단계에서 실패했다면 이제부터 뭘 해야 하는지부터 제대로 파악하면 된다.

실패는 누구나 한다. 패배도 누구나 한다. 하지만 실패를 많이 하기는 힘들다. 그만큼 많은 도전을 해야만 실패도 많이 할 수 있기 때문이다. 실패는 훗날 자신의 경험담이 된다. 이러한 경험보다 좋은 자산은 없을 것이고 그 자산을 바탕으로 결국 자유에 이를 수 있을 것이다.

그래서 실패했을 때 해야 하는 건 바로 기록하기다. 실패라는 결과에 이르기까지 겪었던 경험을 작성해두고 내 실패를 점수화해서 기록해두는 것도 좋다. 실패도 큰 실패일수록 더 많은 배움을 주기 때문에 실패에 점수를 부여하는 것만으로도 실패에 좀 더 쿨해지지 않을까 싶다.

최근에 경제적 자유라는 말을 많이 들었다. 점점 많은 사람이 돈에 눈을 뜨기 시작하는 것 같고 자아실현도 중요하지만 경제적 자유를 달성하는 것에 목표를 두는 사람들을 많아진 것 같다.

그런 분들이 공통으로 강조하는 단어가 있다. 바로 '자유'다. 단순히 '자유'가 아니라 내가 원하는 돈의 액수만큼 받을 수 있는 자유, 내가 원하는 사람을 만날 수 있는 자유, 원하는 일을 할 수 있는 자유 등 여러 방면에서의 구체적인 자유를 꿈꾼다.

역행자의 7단계 모델에 따라 끝없이 실패를 반복하고 이를 통해 성장하는 것, 이런 반복을 통해 자유를 찾아 나간다면 언젠가 역행자의 쳇바퀴에서도 탈출해 정상에 올라설 수 있지 않을까 생각한다.

역행자를 읽고, 생각을 정리하고
글로 쓴 3명의 저자들의 총평

"운명을 바꾸는 것은 마음가짐"
- 장은비 저자 -

앞에 각 챕터를 통해서 나에 대해 알아보는 시간을 가졌다. 여러분들이 이 챕터에 왔을 때 어떤 마음으로 왔는지 궁금하다. 여러분은 순리대로 살아갈 것인가? 운명을 역행하는 사람으로 살아갈 것인가? 선택은 여러분의 몫이다.

하지만 선택에 따라오는 결과도 여러분의 몫이라는 것을 알려주고 싶다. 나는 유명한 정치가나 인플루언서가 아니라 이 세상을 살아가는 한 사람에 불과하다. 하지만 인생을 살아가고 있는 사람으로서 여러분들에게 나의 말이나 조언이 도움이 되었으면 하는 마음뿐이다.

나는 거의 누군가의 도움 없이 인생의 경험을 통해 오롯이 이 세상을 살아왔다. 그래서 다른 사람들보다 어린 나이에도 철이 일찍 들고 단단해진 마음을 가지고 있다. 그리고 그 누구보다 성공하고 싶다는 마음이 크다.

'인생은 시험이다.'라는 말을 들어본 적이 있는가? 그런데 나는 이 말을 들었을 때 '그럼, 인생에 답이 있어야 하는 거 아니야?'라는 질문을 던진 적이 있다. 그런데도 인생에서 명확한 답은 없다고 생각한다. 문제가 해결되면 '이게 바로 답이구나!'라고 여겨질 때도 있지만 시간이 지나면 이 해결책이 반드시 다른 문제에 적용되지 않는 일도 있기 때문이다.

계속해서 말하지만, 여러분들만의 기준점을 세웠으면 한다. 정말 운이 좋아서 누군가의 도움으로 본인의 인생에 쉽게 꽃을 피우는 사람이 있지만 나처럼 스스로 여러 경험을 통해 힘들게 꽃을 피우려는 사람이 있다.

혹시라도 본인이 지금 심적으로 힘든 삶을 살고 있다고 느낀다면 성공한 후의 나의 삶을 상상해보도록 하자. 그리고 그 꿈을 이루기를 노력하는 삶을 살도록 하자. 그러면 그 상상이 현실로 펼쳐지는 순간이 반드시 올 것이다.

본인의 운명이 궁금해서 사주나 점을 보는 사람들이 많다. 실제로 내 주변에도 매우 많다. 그러면 사주나 점을 보고 '나는 이런 운명을 가진 사람이구나!'라고 스스로 합리화를 하지 않는지 물어보고 싶다. 타고난 운명을 가지고 태어났다고 하더라도 노력이 없다면 남주는 꼴이 돼버린다.

나는 본인의 운명은 스스로 바꾸어 나갈 수 있다고 믿는 사람이다. 이 행위의 기반은 본인의 마음가짐에서 나오는 것이기 때문에 본인이 먼저 무너지면 안 된다. 그리고 이 글을 읽는 여러분들이 모두 본인을 사랑해주고 아끼는 사람이 되었으면 한다.

"경제적 자유를 위해서는 인간의 본능을 거스르는 역행자가 되어야 하고, 역행자가 되기 위해서는 책의 7단계를 잘 실행하면 될 것이다. 이대로 실행하면 누구나 역행자가 되어 부자가 될 수 있다."

- 희다 저자 -

이 책에서 전달하고자 하는 핵심 내용이라고 생각한다. 책을 처음 읽고 나서 들었던 생각은 "이 책이 왜 이렇게 호평인가?"였다. 기대를 많이 해서 그런지 실망도 컸다. 역행자가 되는 방법에 대한 지식보다는 생각을 정리해서 책을 쓰는 방법을 배웠다. 각각의 단계에 대해서는 짧은 인생을 살아오면서 한 번씩 해봤고 어딘가에서 이미 들었던 말들이 대부분이었다. 그 생각들을 잘 정리해서 단계별로 이름을 만들고 부자가 되는 법이라고 만든 느낌이었다. 그래서 단계의 내용보다는 생각의 조각들을 프로세스로 만들고 설명해서 책을 낼 수 있다는 것을 새롭게 얻었다. 그래서 나도 언젠가 다른 주제로 생각을 프로세스화해서 설명하고 책으로 출판해봐야지 결심했다. (꽤 먼 미래가 될 것 같다.)

리뷰에서는 많은 사람이 내용 좋은 책이라고 하는데 그렇다면 나는 이 책에 대해 왜 부정적일까, 그리고 왜 이 책이 잘 팔릴까에 대해 고민했다.

나는 이 책에 대해 왜 부정적이었나?

이 책은 베스트셀러이고 리뷰들은 대부분 호평이었는데 나는 왜 이 책이 좋지 않을까를 고민했다.

첫 번째 결론은 기대감이다. 보통 다른 책을 읽을 때는 별다른 기대 없이 흥미로 읽기 시작해서 배움이 없어도 재미있으면 재미로 만족한다. 하지만 내가 역행자 책을 읽은 이유는 이 글을 쓰기 위해서였다. 읽고 배운 점을 글로 쓰고자 했기 때문에 배움에 대한 기대가 다른 책을 읽을 때보다 더 컸다. 그 기대보다 이 책에서 얻은 새로운 배움이 많지 않아서 실망했다. 그리고 동시에 무엇을 써나가야 하는가에 대한 고민이 생겼기 때문에 막막함도 있었다. 아마 단순히 "베스트셀러네 재밌겠다." 하고 그냥 집어서 읽은 책이었다면 만족도가 높았을 수도 있었을 것이다.

두 번째는 아는 것에 대한 반복적인 설명과 강조다. 책을 읽으면서 이미 생각하고 실행해 온 것에 이름을 붙였다는 생각이 계속 들었다. 심지어 몇 개월 전부터 생각하고 실행해오고 있던 것이 역행자가 되는 방법이라고 하니 조금 신뢰가 안 가기도 했다. 불쾌감에 대해 한 가지 예를 들면 책에서 가장 많이 강조하는 독서이다. 독서가 중요하다는 것은 살면서 무수히 많이 들어왔고, 중요하지 않아도 나는 책을 좋아해서 시간 날 때 책을 읽고 있다. 휘발되는 책 내용들을 기억하기 위해 독서법 강의를 따로 듣고 와서 역행자 책을 첫 타자로 읽고 적용하는 시점이었다.

그런데 한 챕터도 아닌 여러 챕터에서 독서의 중요성, 책을 읽어야 하는 이유, 독서하고 성공한 사례를 반복해서 설명하는 것이다. 독서의 중요성을 모르고 책을 읽지 않는 사람에게는 동기부여가 될 수 있겠지만 이미 책을 읽고 있는 사람에게는 사례가 재미있다는 정도만을 얻을 수 있다. 독서뿐 아니라 다른 내용들도 이런 현상의 반복으로 인해 마치 숙제하는 아이가 숙제하라는 잔소리를 듣는 기분이 읽는 내내 들었던 것 같다.

비슷한 기분을 최근에 공부한 책에서도 느꼈다. 회사에서 업무 관련 스터디를 하는데 책 제목이 다른 책들과 다르게 '~~디자인 패턴'이라고 해서 나는 새로운 지식을 기대했었다. 하지만 이전에 일하면서 사용했던 전혀 새롭지 않은 지식을 정리해서 디자인 패턴이라는 이름을 달아놓았다고 똑같이 생각했다. 이 책에 대해서도 한동안 꽤 부정적으로 반응했지만 좀 더 생각해보니 디자인 패턴 내용은 새롭게 받아들일 사람이 충분히 있었다. 같은 일을 해보지 않은 사람은 모르는 것이 당연했다. 역행자도 비슷할 수 있겠구나. 이제까지 내가 너무 개인적으로 생각해서 혹평해버린 것이 아닐까 걱정되었다. 이 내용이 새로울 사람도 있고 알던 내용도 정리된 느낌을 좋아하는 사람도 있을지도 모르는데…. 이미 뱉은 말은 주워 담을 수도 없고 앞으로는 좀 더 생각하고 말해야겠다고 다짐했다.

이 책이 왜 잘 팔리고 사람들이 좋아할까?

이 고민을 하던 중 팀장님께 사적인 자리에서 이 이야기를 했다. 팀장님께서는 대부분 사람은 자신이 모르는 새로운 지식을 얻는 것보다 조금 알고 있는 지식을 정리해놓은 것을 보는 것을 더 좋아한다고 하셨다. 그러고 보니 확실히 기존에 가지고 있던 생각들이 책을 읽은 후에 조금 더 정리되었다. 내가 알고는 있지만 정리가 되지 않고 둥둥 떠다니는 개념들을 이 책에서는 '역행자 7단계'라고 명확하게 정의해서 머릿속에 정리시켜주었다.

그리고 자청님이 마케팅을 잘하셨을 것이라 마케팅의 역할도 컸을 것이다. 마케팅이 콘텐츠 시장에서 제일 중요하다고 생각한다. 비슷한 가게 중에서 마케팅이 잘 된 가게가 대박이 나는 것처럼 비슷한 책 중에서 마케팅이 잘 된 책이 베스트셀러에 들 것이다. 내가 알 수 없는 마케팅적인 요소가 이 책에는 분명 녹아있을 것이다 추측한다.

저자 자청님에 대해서

전에 이름만 몇 번 들어봤었는데 이번에 책을 읽으면서 어떤 사람인지 처음으로 알았다. 이 책을 쓴 자청이라는 사람에 대해서는 생각을 잘 정리하고 실행력도 대단한 사람이라고 생각한다. 자기가 가지고 있는 것을 잘 활용해서 부자가 된 사람이다. 어린 나이에 돈 버는 방법을 찾아 여러 가지 시도해 본 점이 흥미로웠다. 그래서 자청님이 역행자 책을 쓰기 전에 제작한 온라인 강의가 있어서 수강했다. 강의에는 책의 내용도 일부 정리되지 않은 채로 있었지만 내가 몰랐던 다른 지식과 쉽게 실행하는 방법을 설명해주어 도움이 되었다. 강의 덕분에 앞으로 겪을 시행착오를 줄였다. 몇 년 뒤에 강의를 보았다면 강의도 안 좋게 판단했을지도 모른다. 같은 사람의 책을 읽고 강의를 보면서 콘텐츠의 내용과 접하는 타이밍이 만족도에 꽤 중요한 요소인 것을 느꼈다. 역행자 책의 부록에 책 추천도 자세하게 해주셨다. 독서의 중요성을 강조하고 책을 많이 읽으신 분이라 본인이 읽고 좋았던 책들을 추천하는 것이 믿음이 갔다. 찬찬히 읽어보면 도움이 많이 될 것이라 믿는다.

해결되지 않은 궁금한 점

전체 내용이 책에서 설명한 단계를 따르면 부자가 될 수 있다, 경제적 자유를 얻을 수 있다는 것인데 실제로 이 논리는 어떻게 확정해서 자신 있게 이야기할 수 있었는지가 궁금하다. 데이터를 보는 직업병일 수도 있다. 자청 본인의 케이스가 아닌 다른 케이스들이 있다는 것은 책에 어느 정도 있지만 몇 명 정도가 있었는지, 데이터가 얼마만큼 쌓였을 때 자신의 역행자 논리를 확신할 수 있었는지 궁금하다. 10여 년 동안 고민한 데이터는 얼마 정도일까? 자청님이 역행자 7단계를 생각하고 확정한 이후에 적용해 본 케이스는 얼마나 있을까?

"역행자의 시작"

- 안도혁 저자 -

채글을 통해 역행자를 읽고 생각을 정리하는 과정은 그동안 내가 어떻게 살아왔는지와 앞으로 어떻게 살아야 하는가에 대해 진지하게 고민해 볼 수 있는 시간이었다. 여러 번의 독서 과정마다 생각들은 끊임없이 변화했고 생각을 적어 나가다 보니 이제는 어느 정도 정리가 된 느낌이다. 처음 책을 읽을 때는 신선한 충격이 컸다.

'그래, 이런 공식을 가지고 열심히 살면 성공할 수 있겠다. 자극받아서 열심히 해야겠어.' 이와 같은 마음이었다면 책을 읽으면 읽을수록 부정적인 생각들이 떠오르기 시작했다.

'근데 이건 좀 이야기가 다르지 않나? 어쩔 수 없는 부분 아닐까?'
책의 메시지를 부정하고 비판하는 생각들이 떠오르면서도 이런 내 생각들이 잘못된 게 아닐까 하는 우려도 있었다.

책에서 이렇게나 자의식 해체와 유전자 오작동을 강조하는데 정작 나는 이 글에 대해 비판하고 있는 모습을 보며 '내가 진짜 자의식을 해체하지 못하는구나, 유전자 오작동을 겪고 있구나'라는 생각도 해봤던 거 같다.

그렇게 몇 번 더 책을 반복해서 읽고 생각을 써 내려가며 내린 결론은 받아들인 건 받아들이고 부정할 건 부정하자는 거였다. 그리고 변형해서 적용할 수 있는 건 내 삶에 맞게 적용해 보자는 생각이 들었다.

책의 전체적인 내용은 사업, 돈 많이 버는 이야기에 포커스가 있다. 사람들이 선망하는 것이며 누구나 꿈꿔봤을 테지만 쉽게 다가서고 말 꺼내기 힘든 부분이기 때문이다.

그래서 어떤 사람들한테는 책의 내용이 너무 먼 이야기 같을 수도 있고 공감이 안 될 수도 있다. 하지만 적어도 나한테만큼은 큰 임팩트를 줬던 것 같다. 그리고 이 책을 쓴 저자가 실제로 살아가는 행동들은 보면 성공한 '기버'이고 그렇기에 많은 네트워킹 속에서도 인정받을 수 있다고 생각한다.

그리고 또 하나 좋았던 점은 저자 역시 점점 더 큰 꿈을 좇아간다는 게 느껴졌기 때문이다. 사업을 시작하고 확장하는 과정에서 현재 상황에 안주하기보다는 더 큰 성공을 위해 지속해서 나아가는 모습이 인상 깊었다.

물론 곳곳에 마케팅적인 요소들이 많이 보였다. 마케터라 괜히 그렇게 보는 거일 수도 있겠지만 나는 꽤 많은 부분이 마케팅적인 요소를 고려하여 만들어진 책이라고 느꼈다. 더 정확히 말하면 꼭 마케팅적인 부분이 아니더라도 정말 많은 것들을 고민하고 만들었기에 이 책이 성공할 수 있지 않았나 싶다.

우선은 7단계 공식으로 만들어 표현한 게 가장 중요한 요소라고 생각한다. 사람들은 공식을 좋아한다. 빠르게 가는 길, 나도 해 볼 수 있는 방법을 좋아하기 때문에 이렇게 단계를 정해줘야 쉽게 이해하고 따라할 욕심이 생긴다. 경제적 자유를 갈망하는 젊은 타겟의 욕구를 정확하게 짚어준 책이라는 느낌이 들었다.

두 번째는 말하고자 하는 메시지와 그걸 말하는 문체의 조화이다. 자의식을 해체해야 한다는 말처럼 특정 키워드가 꽂히게 말을 잘 만들어 표현하고 있다.

"나 스스로 합리화하는 생각들을 없애라, 방어기제가 깔린 생각들을 하지 마라." 이렇게 더 쉽게 말할 수도 있지만 사람들의 뇌에 박히게 단어 선택을 잘한다는 생각도 들었다.

세 번째는 마케팅적으로 바이럴 될 만한 요소들을 잘 넣었다. 경제적 자유를 위한 5가지 공부법이라는 제목으로 블로그 글을 써보라고 하는 걸 보고 정말 사람들을 움직이게 하고 있다는 생각이 들었다. 실제로 검색해 보면 많은 사람이 당장 행동하라는 메시지를 따라 글도 올리고 생각도 정리하는 모습을 볼 수 있다.

이렇게 여러 부분을 고려하여 만든 책을 읽고 나는 이런 결론을 내릴 수 있을 것 같다.

1) 성공하는 '기버'가 되자.

영감을 줄 수 있는 사람이 되어 나로 인해 작은 거라도 영감을 얻어 갈 수 있는 사람들을 찾자. 남을 움직이게 만들고 움직이는 남으로부터 내가 성장하려면 우선은 나부터 베풀어야 한다. 내가 10번 공유하면 상대방에게 1번 공유해달라고 말할 수 있다.

2) 못함을 인정하자.

나보다 잘나가는 사람들을 보며 드는 생각과 시샘을 인정하고 레벨의 차이를 인지하자. 그리고 그걸 자극제로 삼아 빠르게 쫓아 올라가자. 다른 사람의 행보는 레퍼런스로 삶을 수 있는 것이지 부정할 내용이 아니다. 적어도 그런 사람들은 누군가를 돕고 만족시키고 있지만 정작 나는 그렇게 하지 못하고 있다.

3) 성공하자.

책을 읽고 이게 맞는지에 대해 생각이 계속 반복되는 이유는 어떻게 보면 내가 저자만큼 성공하지 못했기 때문이다. 성공에 대한 욕심이 있다면 책의 방법이든 아니든 성공의 길로 올라타야 한다. 그렇게 된다면 이 책을 읽고 맞고 틀리고를 생각하기보다는 그냥 다르다는 결론으로 수렴할 수 있을 것 같다.

책을 읽으며 생각이 다른 부분은 없을 수 없다. 하지만 배울 점이 정말 많다는 것과 그걸 잘 이용한다면 내 삶이 훨씬 풍족해질 것이다. 나중에 진짜 역행자가 됐다고 인정할 수 있는 날에 이 책을 다시 한번 꺼내 봐야겠다.

역행자를 읽은 사람들

채글 프로젝트 1기를 마치며

채글 프로젝트에 참여한 사람들은 프로젝트의 숨은 뜻을 알고 있을까?

불안감으로 시작하게 된 독서 모임이자 글쓰기 프로젝트 채글의 온라인 모임 첫날, 서로 얼굴을 보며 화상회의로 시작한 이 모임의 성공 여부가 프로젝트 공동리더이며 편집장인 나에겐 가장 큰 걱정이었다.

어떤 모임이든 1기의 특성상 이전 결과물이 없는 상태에서 모임 모집부터 난관이기 마련이다. 채글 역시 그러했다. 모임을 설명하는 상세페이지를 몇 번이나 다시 수정하기를 반복하고, 과연 참여자들이 프로젝트의 취지를 이해하는 것을 넘어 20만 원 정도의 돈을 지불하고 유료 모임에 선뜻 신청할지도 의문이었다.

다행히 1기에 참여한 프로젝트팀원들이자 저자들은 채글 프로젝트의 방향성을 잘 이해하고 있었고, 공동 출판의 장점이자 한계까지 인지하고 있었다. 꼭 저자가 되는 것이 목적은 아닐지라도 본인의 이름으로 책이 한 권 세상에 나온다는 것의 기쁨을 맛보게 하는 달콤한 유혹, 그 이상의 가치를 이미 알고 있었다.

그 어느 때보다 독서가 강조되고 자기계발서적들이 남발하듯 출판이 되는 시점에 프로젝트 1기에서 미리 선정해둔 책은 자청 저자의 역행자라는 책이었다. 출판과 동시에 베스트셀러 1위에 오른 책이지만, 나역시도 이 책을 3번이나 읽는 동안에도 동의하기 힘들 부분이 많았다. 그런데도 이 책을 선정해서 1기 프로젝트의 도서로 선정한 이유는 "독서"라는 행위와 그에 따르는 "생각 정리"가 역행자로 진행하기가 좋다는 판단이 들어서이다.

사실 채글 프로젝트는 꼭 자기계발서만 선정하지는 않는다. 하지만 모임의 특성상 한 단계 앞으로 나가고자 하는 사람들이 이 모임에 참여할 것이라는 생각은 당연하였으므로 여러 분야의 책 중에서 누구나 읽기 쉽고, 생각 정리를 할 수 있는 분야를 선정했을 뿐이다.

이왕이면 호불호가 극명하게 나뉘는 후기가 있는 책을 선정하고 싶었다. 그리고 모임에 참여한 사람들의 생각도 알고 싶었다. 만약 독서 모임까지만 진행했다면, 열띤 토론을 벌였을지도 모르겠다.

하지만 토론보다는 문자를 통해 정제된 생각을 적어보길 바랐다. 내 생각은 누구와 싸워서 이길 필요는 없는 것이며, 누구에게 설득당할 필요도 없고, 누구를 가르치려들 필요도 없다.

참 피곤한 일이다.

2주 간격으로 총 4번의 온라인 모임을 하면서 역행자를 읽은 소감을 나누고 자기 생각과 행동에 어떤 변화가 생겼는지 참여자들은 느꼈을 것이다. 그리고 다시 글로 쓰면서 생각의 변화가 또 생겼을 것이다.

이것이야말로 채글 프로젝트의 궁극적인 목적이다.

서로 토론하고 언쟁할 필요 없다. 나 스스로와의 대화가 필요할 뿐이다. 예비 저자들이 2개월의 온라인 독서 모임 이후에 각자 원고를 제출했다. 그 원고를 읽어본다.

인간이 짧은 기간에 얼마나 성장할 수 있는지 글을 보면 알 수 있다. 글을 잘 쓰고 못 쓰고는 경험의 차이일 뿐이며, 어려운 단어를 구사한다고 타인보다 생각이 더 성숙한 것이라고 볼 수는 없다.

나는 어린아이도 읽고 알 수 있는 글이 가장 훌륭한 글이라고 생각하는 사람이다. 그래서 예비 저자들의 원고에는 그 어떤 수정도 하지 않았다. 문법에 다소 맞지 않더라고 그대로 출판하는 것이 "날 것의 생각"을 순수하게 보여줄 수 있다고 생각한다.

역행자를 읽으면서도 같은 생각을 했을 것이다. 어려운 단어가 하나도 없다. 그렇다고 저자의 생각을 못 알아듣지는 않는다.

글은 신이 인간에게 준 큰 선물이다. 인류의 발전은 글과 함께 폭발적으로 진행되었다. 매일 읽고 쓰면서 글의 존재를 어떻게 생각하고 있는지 결국 내 생각을 표현하는 유일한 수단임을 이해할 것이다.

채글은 글을 읽고, 글을 생각하고, 글을 쓰고, 글을 책으로 만드는 일련의 과정을 함께 경험해보는 프로젝트이다.

그동안 고생한 1기 참여자, 장은비, 희다, 안도혁 님께 깊은 감사를 표한다.

채글 프로젝트 리더 이동윤 편집장

〈 채글 프로젝트 〉

https://chaegeul.oopy.io

채글은 "책을 읽고, 책을 생각하고, 책을 쓰는 과정을 통해 함께 생각하고 성장하는 온라인 독서 출판모임입니다.

바쁜 일상을 살아가는 우리는 책 한 권을 깊이 읽기 힘들고, 책을 읽고 난 후에 내 생각과 행동이 변화하는 과정을 스스로 느끼기도 힘듭니다. 인생을 살아내기에도 벅찬 우리에게 한 번도 만나본 적 없는 사람들끼리 하나의 책을 통해 자기 생각을 정리하고, 모임에 참여한 다른 사람들의 생각과 교감하면서 한 권의 책을 만들어가는 과정을 경험하게 하고자 채글 프로젝트를 시작하게 되었습니다.

매 기수마다 한 권의 정해진 책을 읽지만, 사실 책이 중요한 건 아닙니다. '읽고-생각하고-쓰는' 과정을 통해 우리는 한 단계 더 발전하고 성숙한 사람이 되어 갈 것입니다.

호랑이는 죽어서 가죽을 남기고, 사람은 이름을 남긴다고 했습니다. 우리의 이름이 적힌 책 한 권 남긴 인생, 우리의 버킷리스트 하나를 완성해보지 않으시겠어요?

채글 프로젝트에 참여하고, 끝까지 미션을 수행한 우리에게는 새로운 이름표가 하나 붙을 겁니다. '저자' 아무개로 말이죠.

역행자를 읽은 사람들 | 채글

발　행 | 2022년 12월 31일
저　자 | 장은비, 희다, 안도혁
펴낸이 | 이동윤
펴낸곳 | 윤들닷컴
출판사등록 | 2017.06.01.(제2017-000017호)
주　소 | 부산광역시 해운대구 선수촌로 146-4, 101-1202
전　화 | 010-9288-6592
이메일 | orangeki@naver.com
ISBN | 979-11-92581-03-3

www.yoondle.com